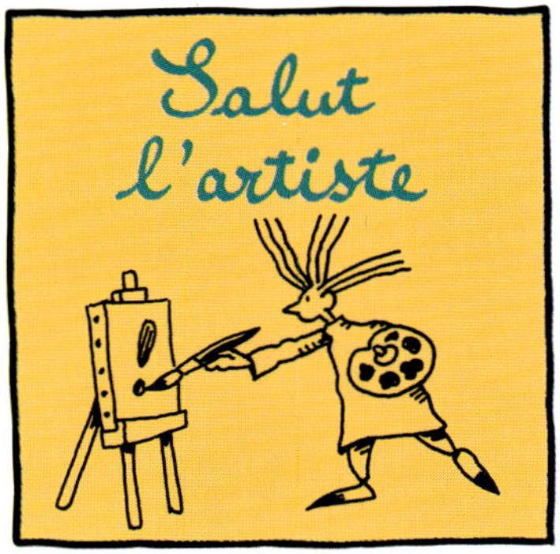
Salut
l'artiste

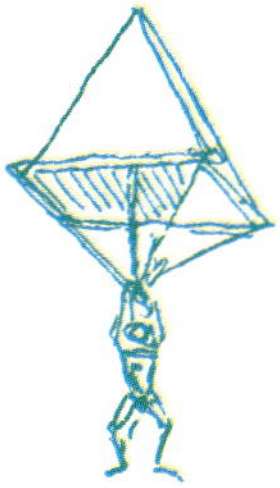

Sylvie Girardet et Claire Merleau-Ponty
ont fondé le Musée en Herbe à Paris.
Depuis vingt ans, plusieurs millions
d'enfants sont venus y découvrir
l'art et les sciences en s'amusant.

Nestor Salas est l'illustrateur
de la collection ***Salut l'artiste !***

En couverture :
Portrait de Monna Lisa,
dite ***La Joconde*** (détail)
1503-1508

49, rue Etienne-Marcel, 75001 Paris

ISBN : 2 - 7118 - 4294 - 0
JA 10 4294

L'art de

Léonard

Sylvie Girardet et Claire Merleau-Ponty
Nestor Salas

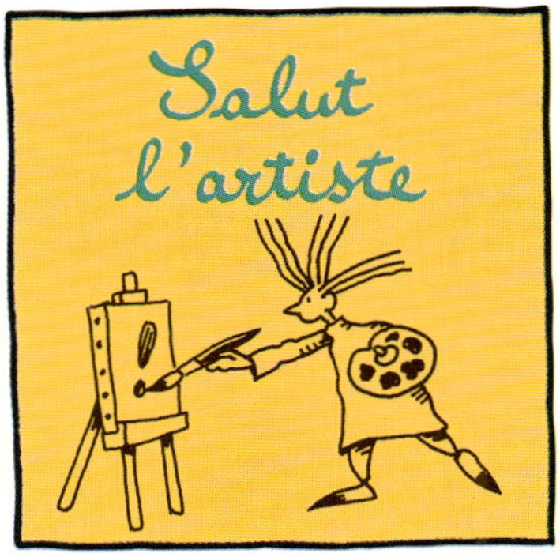

Réunion
des Musées
Nationaux

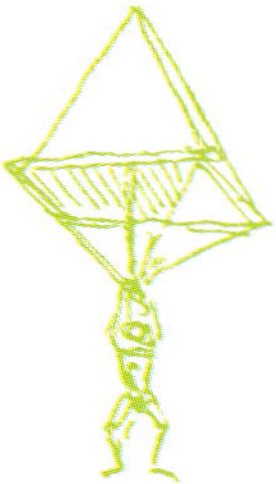

Il était une fois...

Léonard de Vinci est un peintre très célèbre qui vivait il y a cinq cents ans. Il était également inventeur, mathématicien, sculpteur, ingénieur, architecte, de temps en temps musicien et parfois même écrivain.... L'histoire de sa vie s'est mélangée.

Cherche l'image qui correspond à chaque texte.

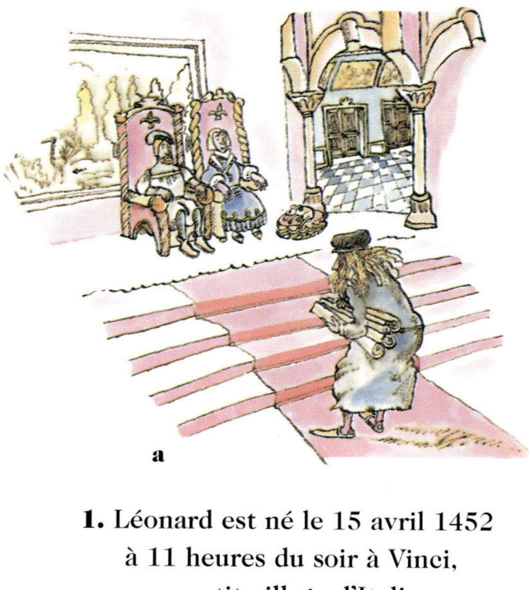

a

1. Léonard est né le 15 avril 1452 à 11 heures du soir à Vinci, un petit village d'Italie.

2. À 17 ans, il quitte son village et va travailler à Florence chez un peintre très connu, Verrochio.

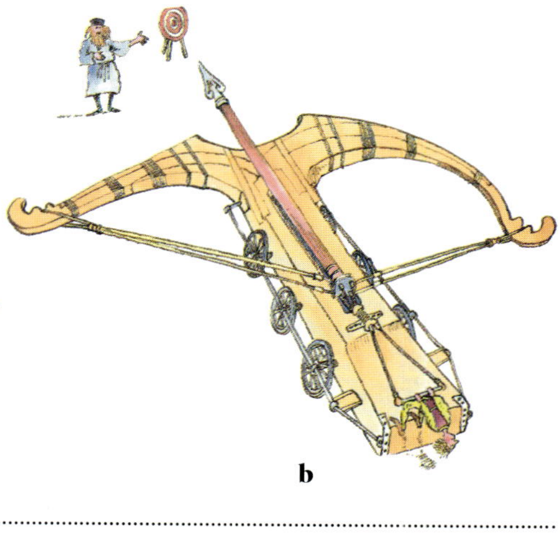

b

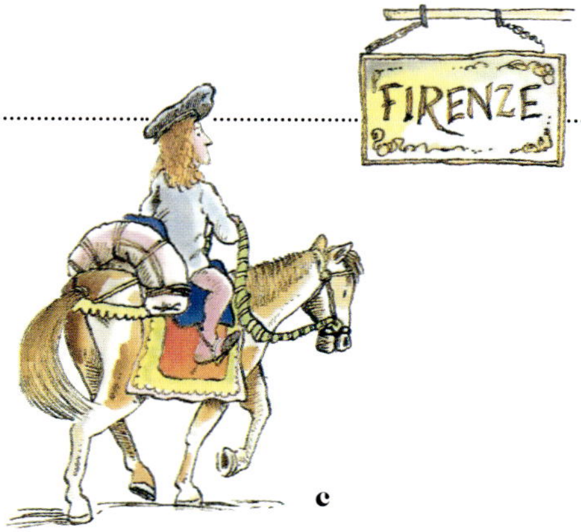

c

3. À 30 ans, il part pour Milan.
Il travaille pour un prince, Ludovic Sforza.
Il organise de grandes fêtes,
imagine une statue de cheval immense
et peint la «Vierge aux rochers».

d

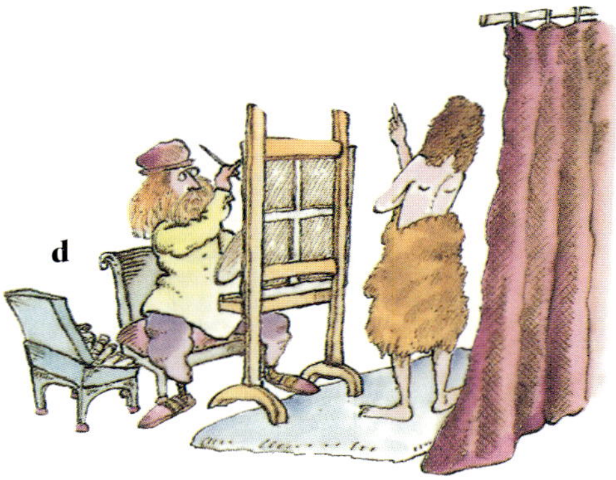

4. À 50 ans, Léonard devient
ingénieur militaire pour César Borgia,
un célèbre homme de guerre.
Il invente des armes redoutables !

5. À 60 ans, Léonard peint
«Sainte Anne», «Saint Jean-Baptiste»,
«Bacchus». Il écrit aussi des traités
de mathématiques, de physique et...
il étudie les mouvements de l'eau !

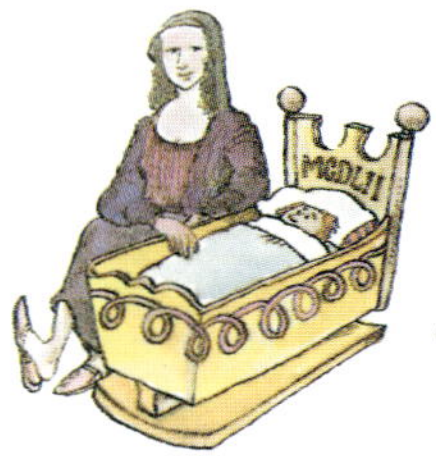

e

6. À la demande de François Ier,
Roi de France, Léonard vient
habiter en France. Il y meurt
le 2 mai 1519 à 67 ans, dans le château
de Clos-Lucé, à Amboise.

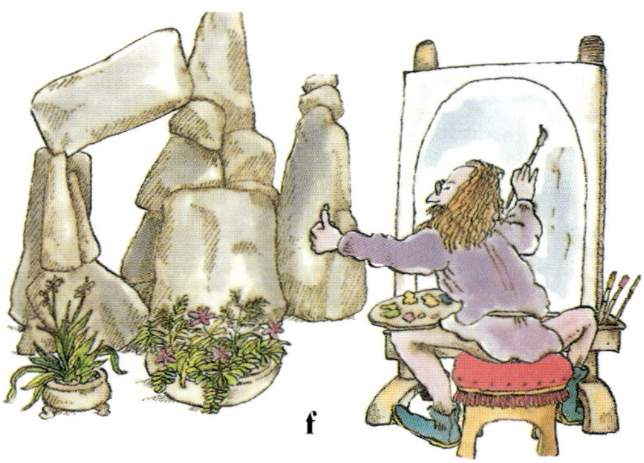

f

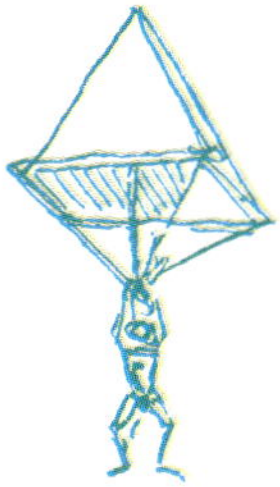

Quelle époque !

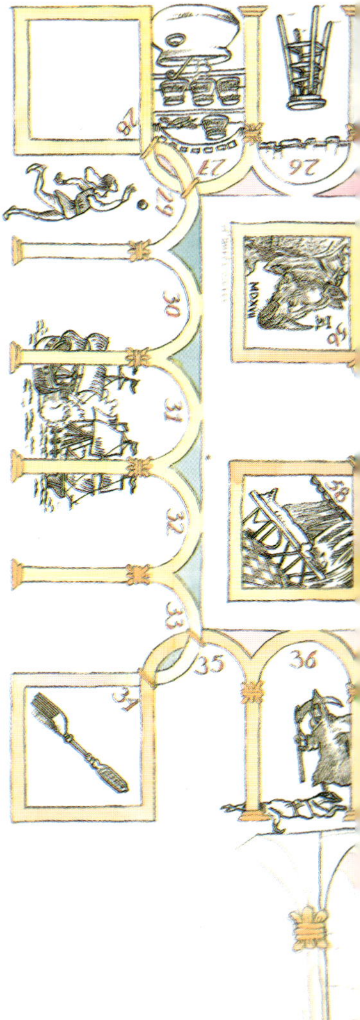

2. 1452 : naissance de Léonard.

4. L'horloge est une nouveauté.
Avance d'une heure au n° 9.

7. 1470 : premier livre imprimé en France.
Tu passes 2 tours pour le lire.

11. 1472 : Léonard a vingt ans.

13. Premier boulet de canon en métal.
Envole-toi au n° 22.

15. 1479 : la poste est inventée.
Ta lettre arrive au n° 24.

17. La chaise est rare.
Assieds-toi sur un tabouret au n° 26.

19. 1482 : Léonard a trente ans.

27. Fais la cuisine avec plein d'épices.
Va la savourer au n° 50.

29. Tu joues au jeu de paume.
Retrouve ta balle au n° 38.

31. Ton bateau est attaqué par les corsaires.
Retourne au n° 20.

34. La fourchette est une nouveauté.
Tu es invité au n° 44.

36. Épidémie de peste.
Tu es éliminé.

40. 1492 : Christophe Colomb découvre l'Amérique.
Va au n° 46.

48. 1503 : Léonard peint *La Joconde.*

52. 1512 : Léonard a 60 ans.

54. 1515 : Marignan, Victoire des Français contre les Anglais.
Va directement à l'arrivée.

56. 1517 : un rhinocéros débarque à Marseille.
Retourne au n° 42 dans son pays d'origine.

58. 1519 : mort de Léonard.

Avec un dé, joue sur ce jeu de l'oie.
Tu découvriras les petits et les grands événements
qui se sont passés à l'époque de Léonard de Vinci.

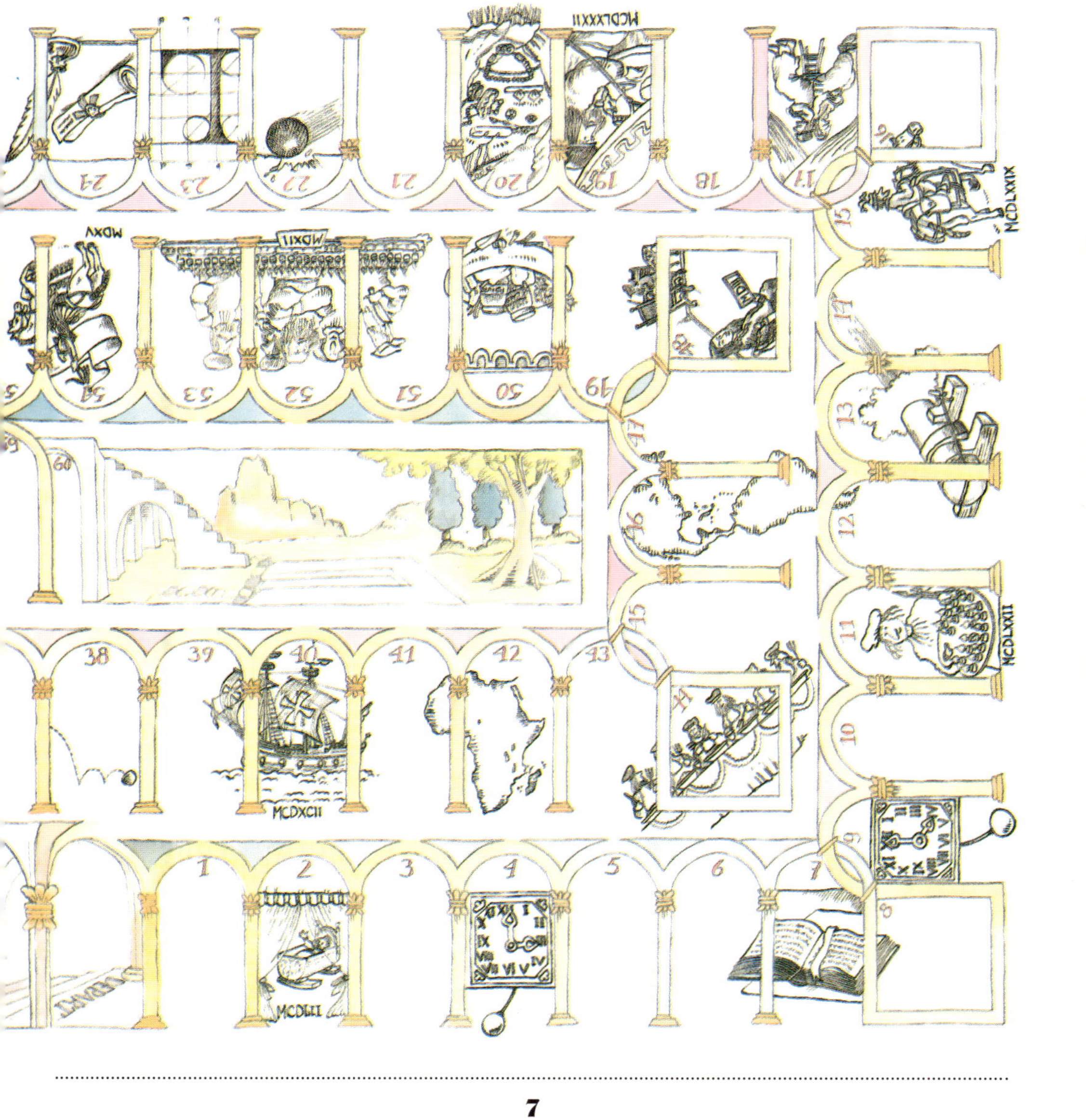

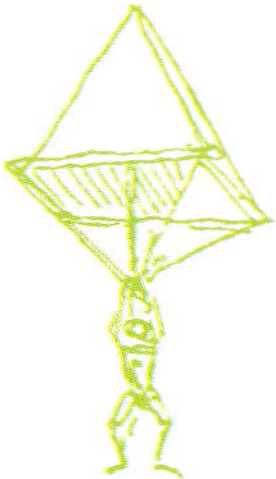

Autoportrait

Avec sa grande barbe blanche,
Léonard paraît avoir cent ans ! En réalité, il en avait soixante quand il a fait cet autoportrait.

Retrouve parmi ces détails ceux de son visage.

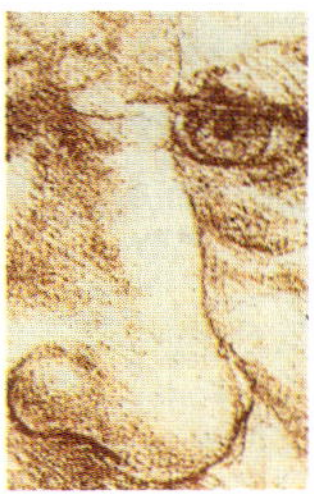

1

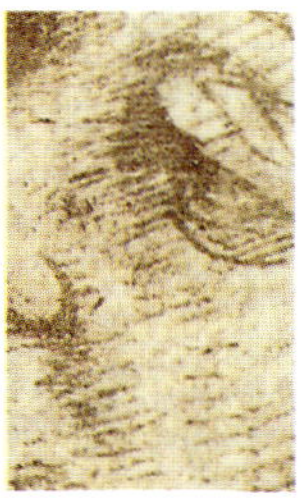

2

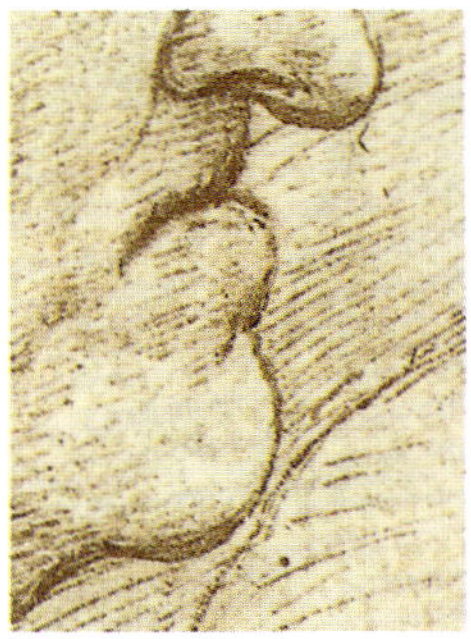

3

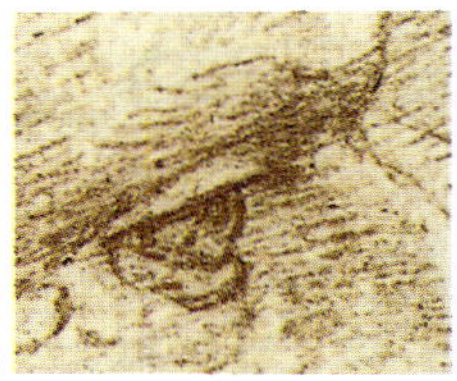

4

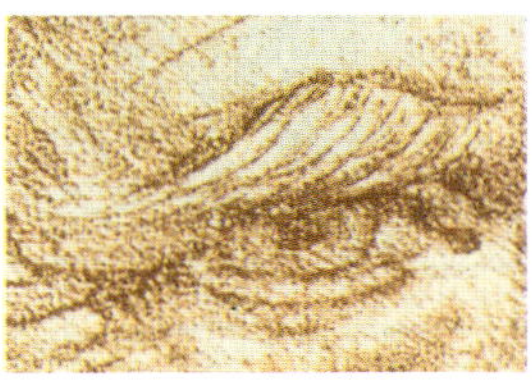

5

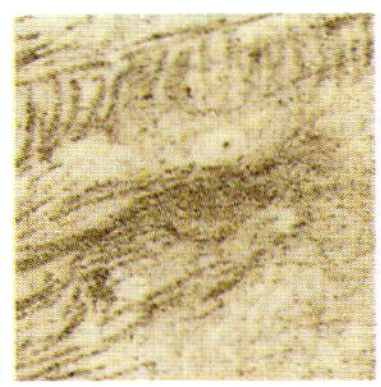

6

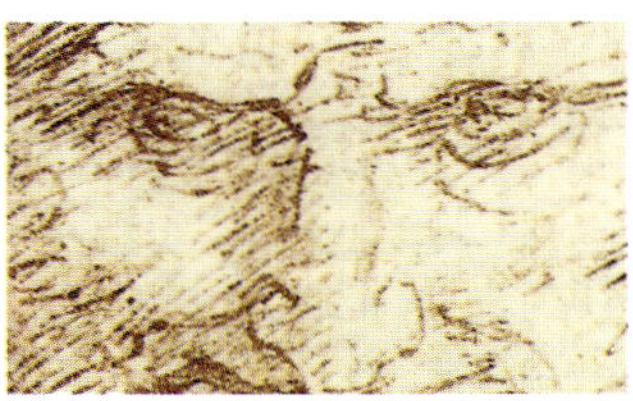

7

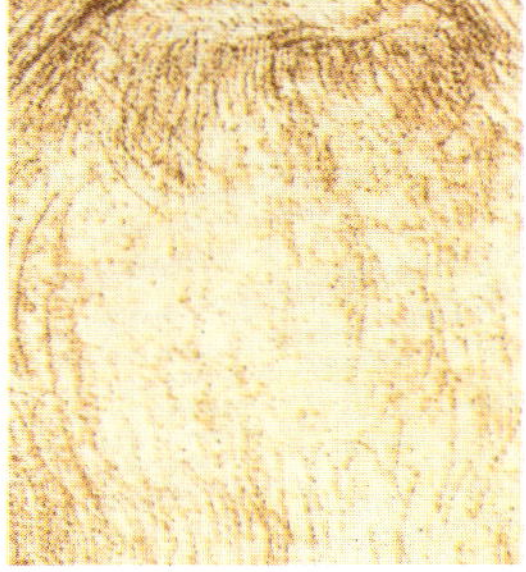

8

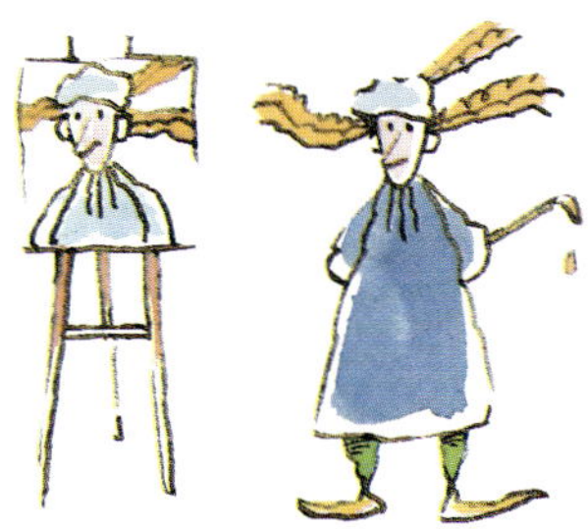

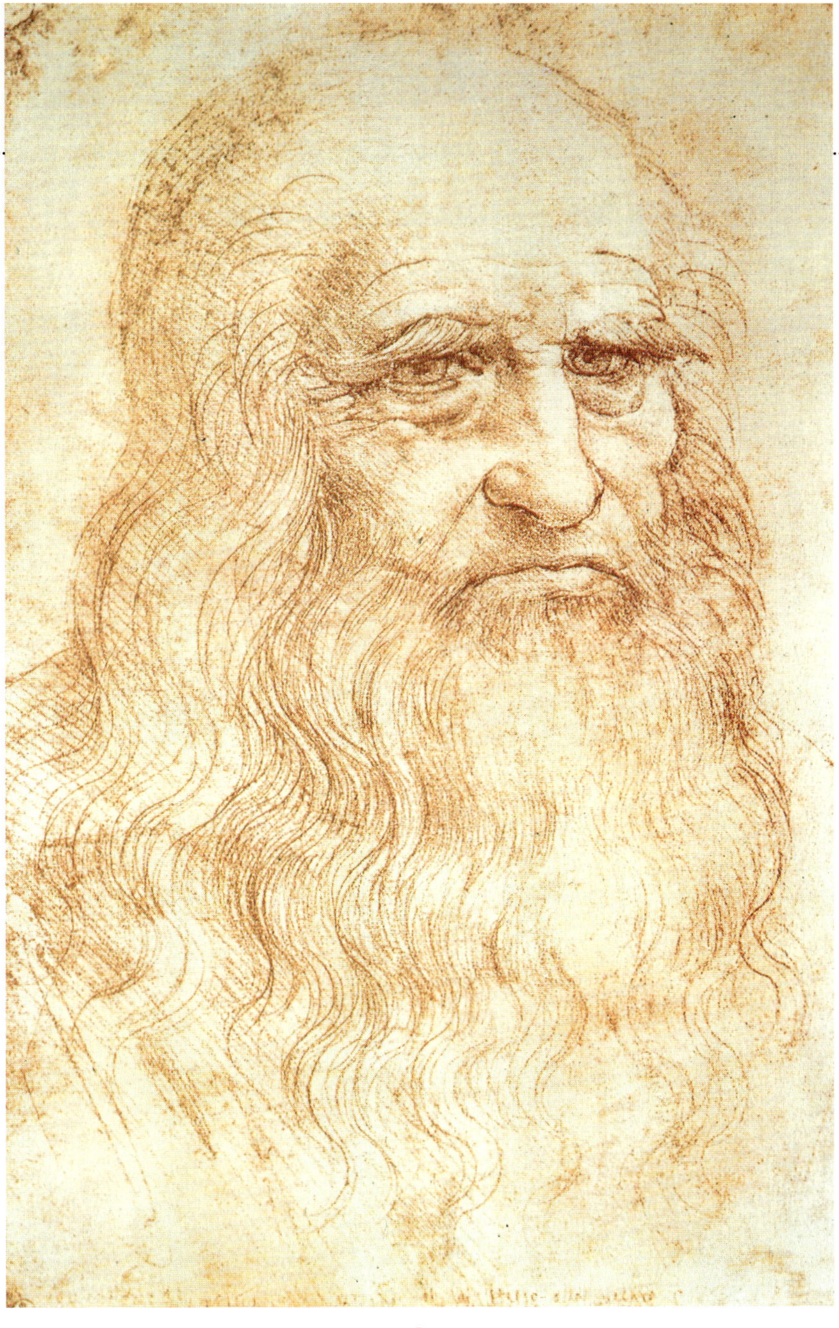

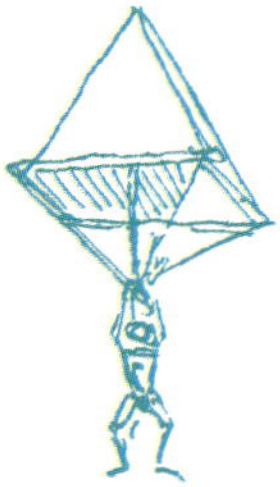

Le Baptême du Christ

Dans ce tableau réalisé par son maître Verrochio, le jeune Léonard a peint l'ange aux cheveux longs. C'est sa première peinture.

Cet ange s'est envolé du tableau. Le vois-tu sur cette page ?

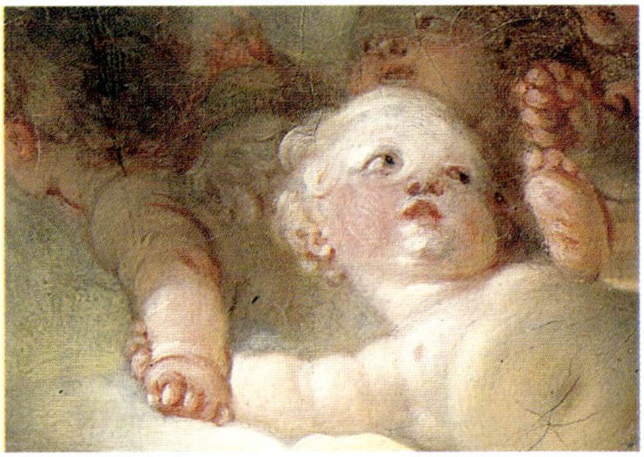

1

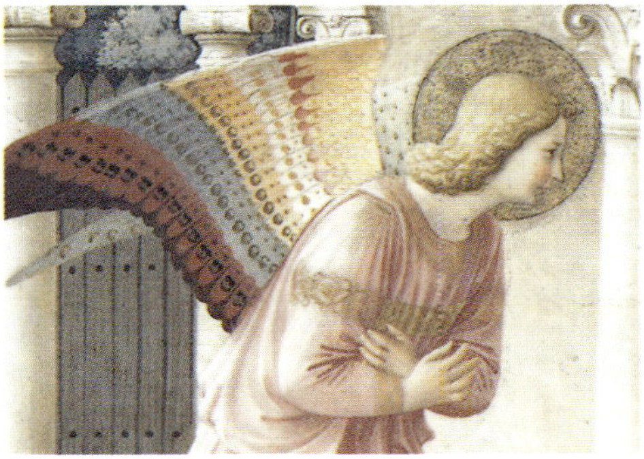

2

3

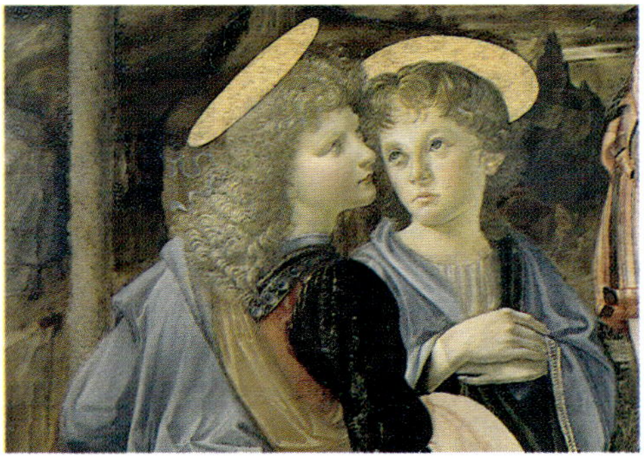

4

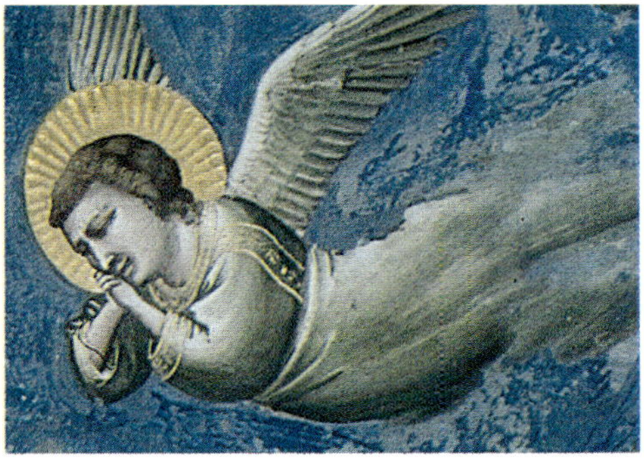

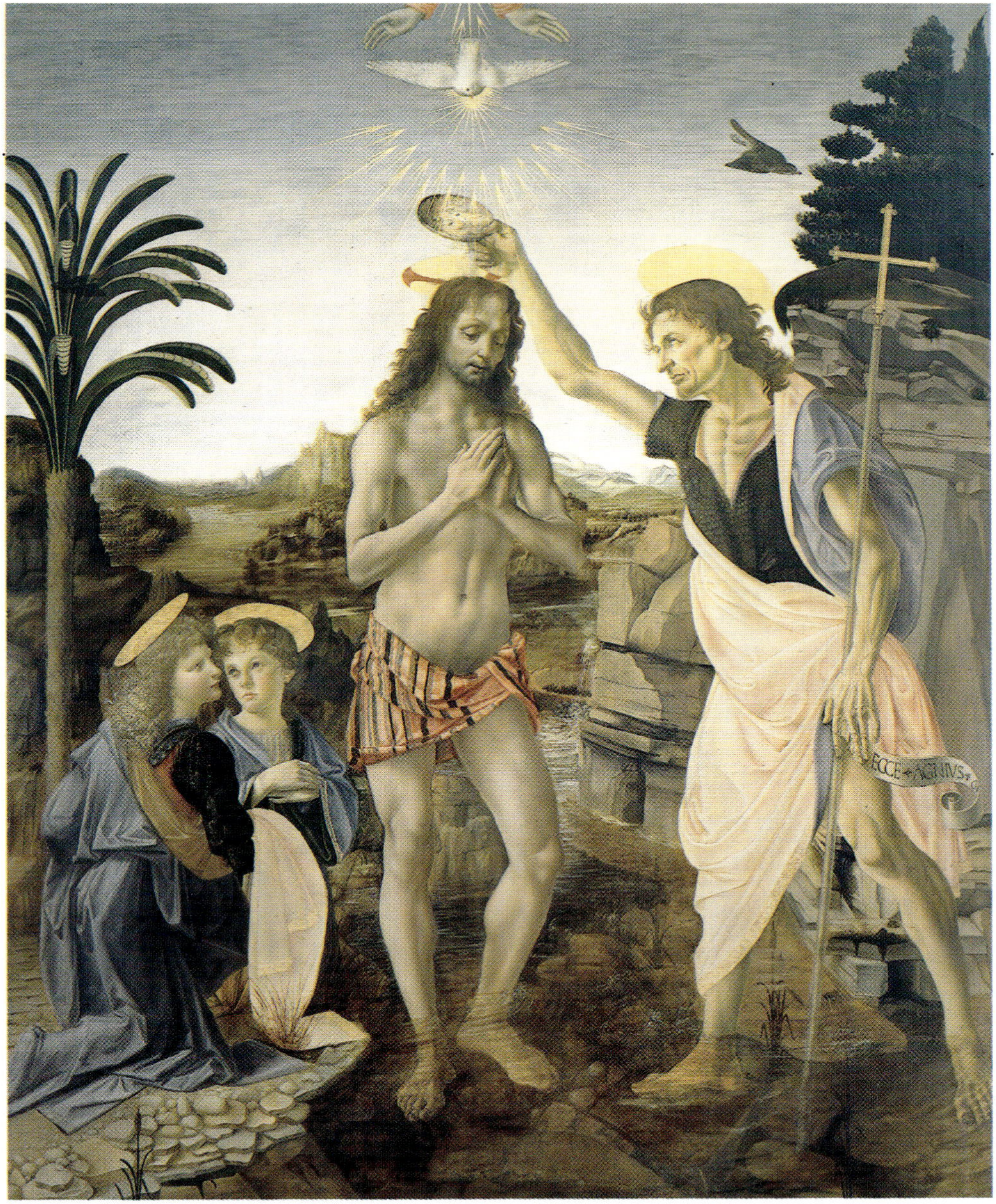
ECCE AGNIUS

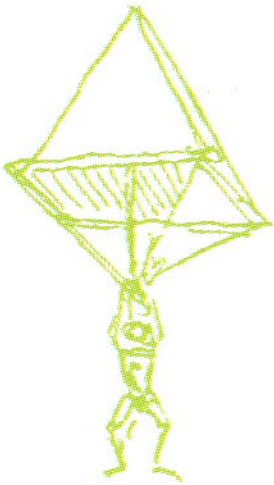

L' Annonciation

Aperçois-tu dans le fond de ce tableau, la mer, le port et les bateaux ?

Retrouve aussi sur la palette page 13 les couleurs employées par Léonard pour peindre les vêtements de l'ange et de la Vierge Marie.

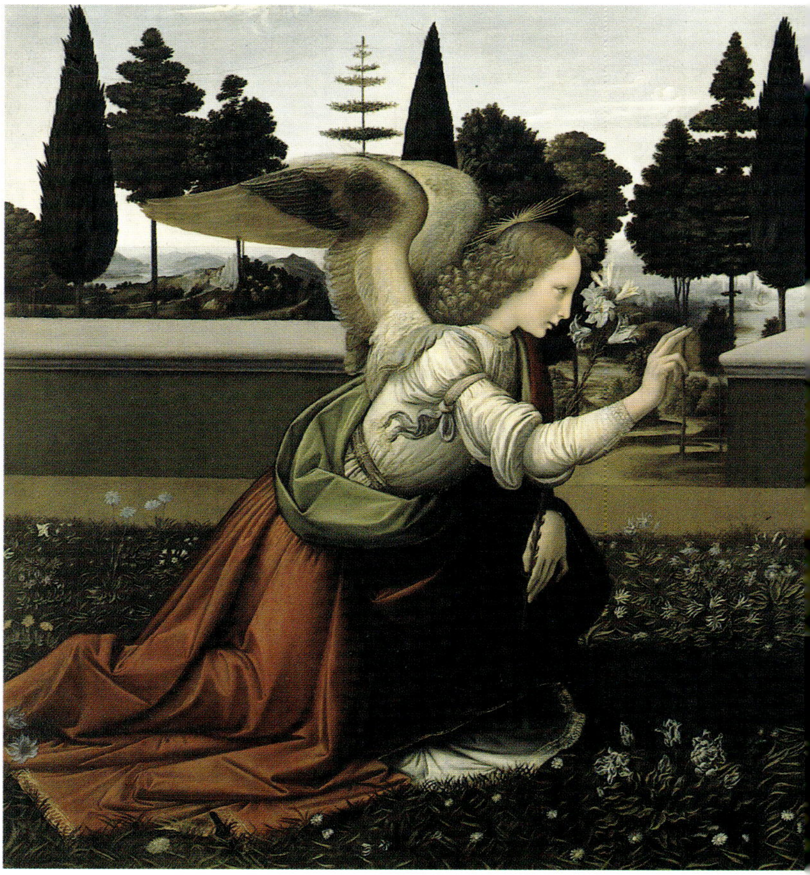

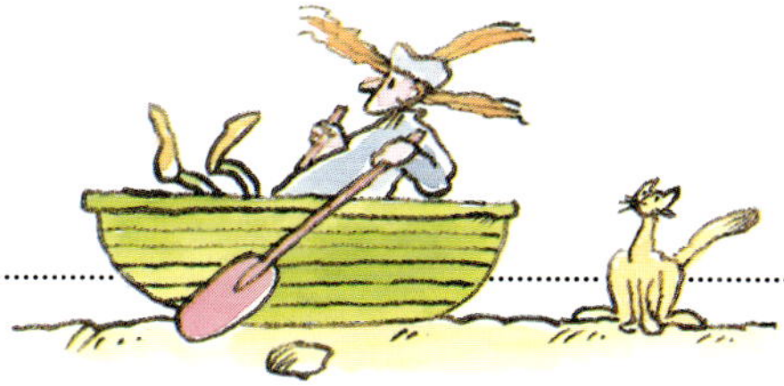

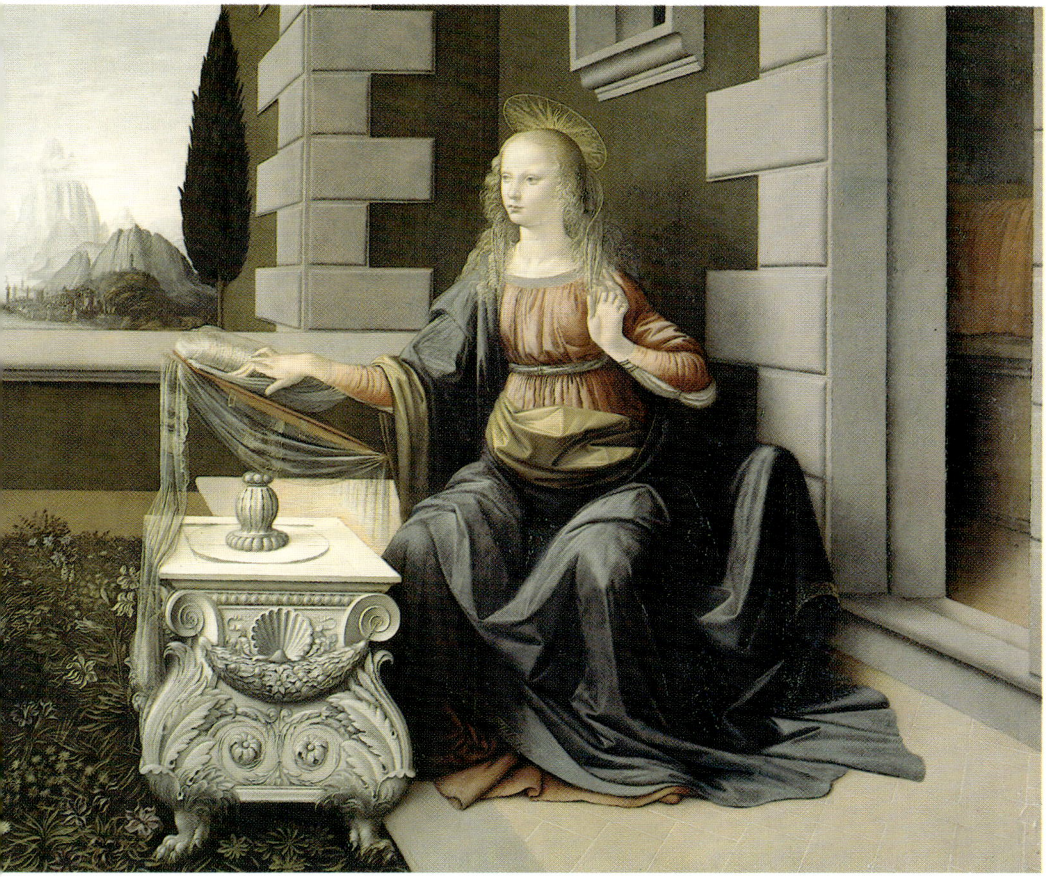

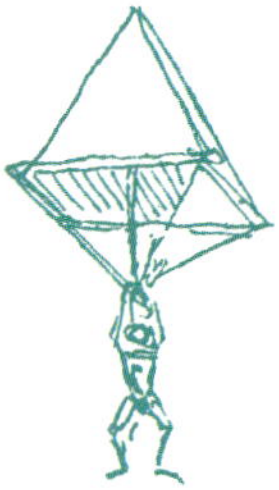

La Vierge aux rochers

**Léonard a toujours aimé
les montagnes, les rochers et les fleurs.
Il en a peint dans presque tous ses tableaux.**

***Reconnais-tu ces plantes
dans le paysage où sont assis
la Vierge, l'Enfant Jésus,
son cousin Jean-Baptiste et un ange ?***

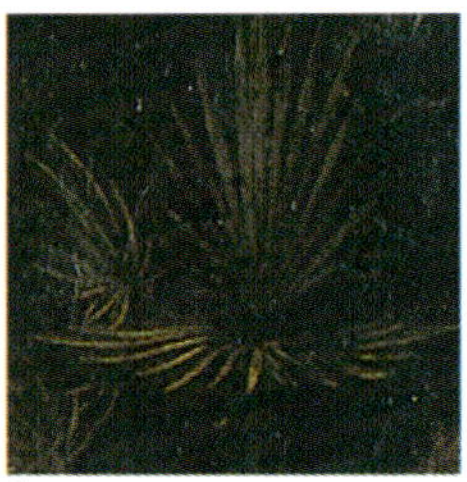

1

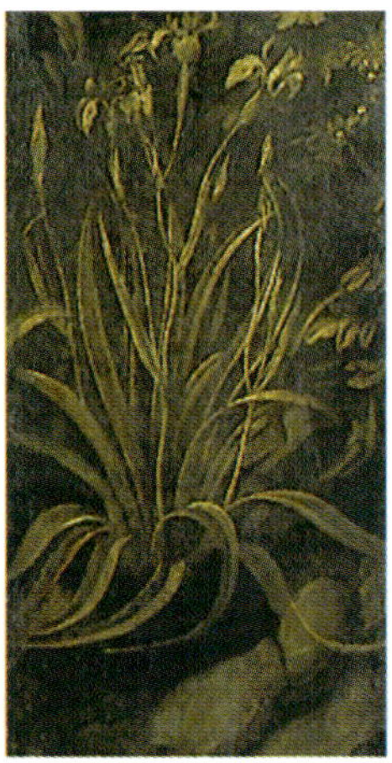

3

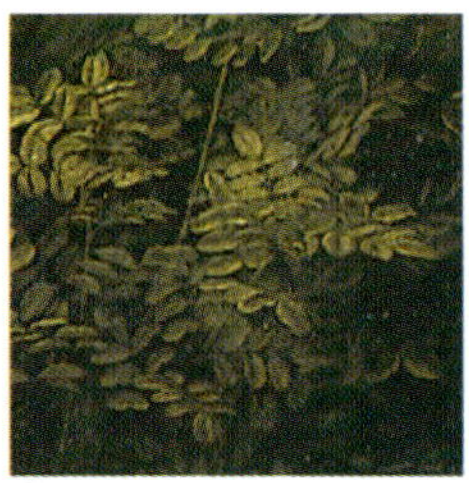

4

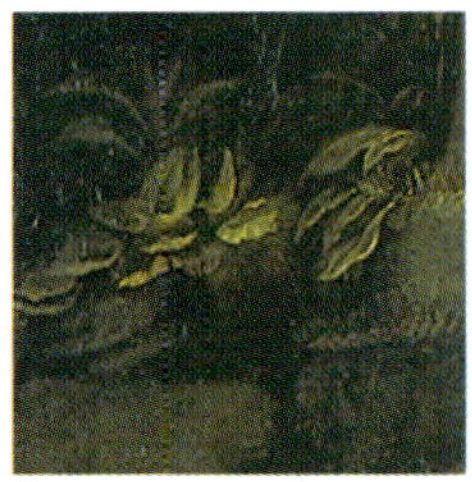

6

2

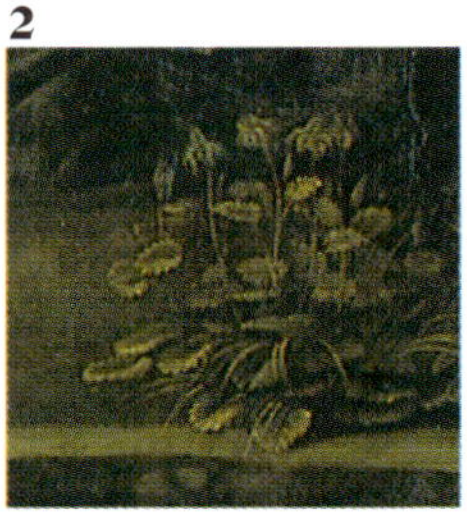

5

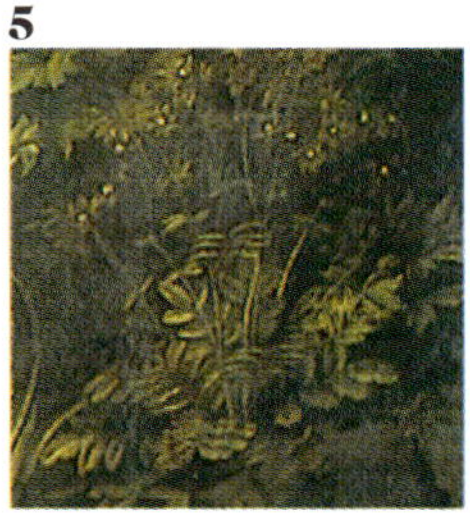

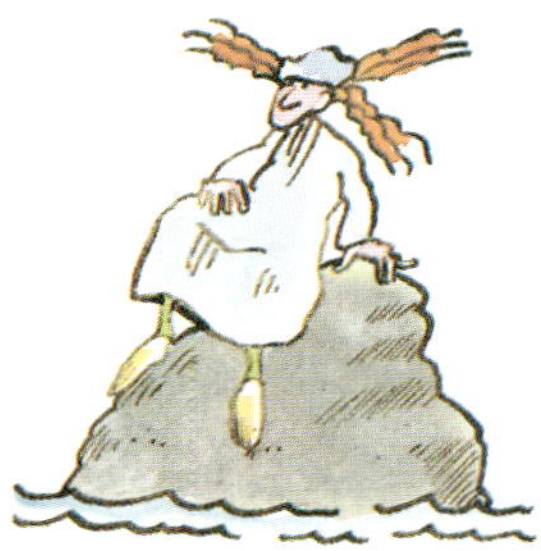

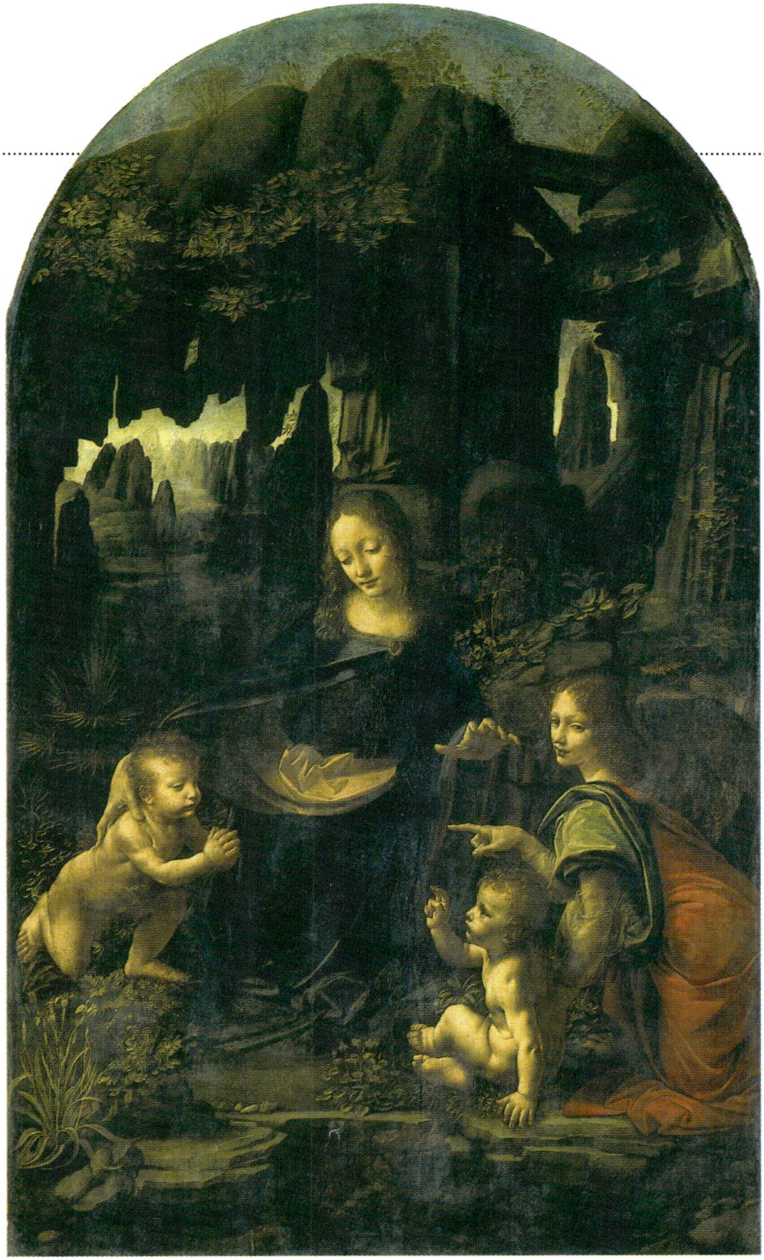

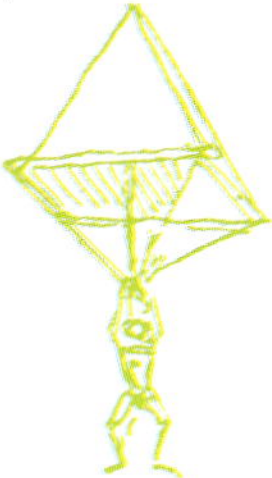

La Cène

Léonard a peint,
sur le mur d'un couvent d'Italie,
le dernier dîner de Jésus avec ses amis.
Cette fresque est aujourd'hui bien abîmée !

Vois-tu les sept différences
entre la peinture de Léonard, page 16
et sa copie, page 17 ?

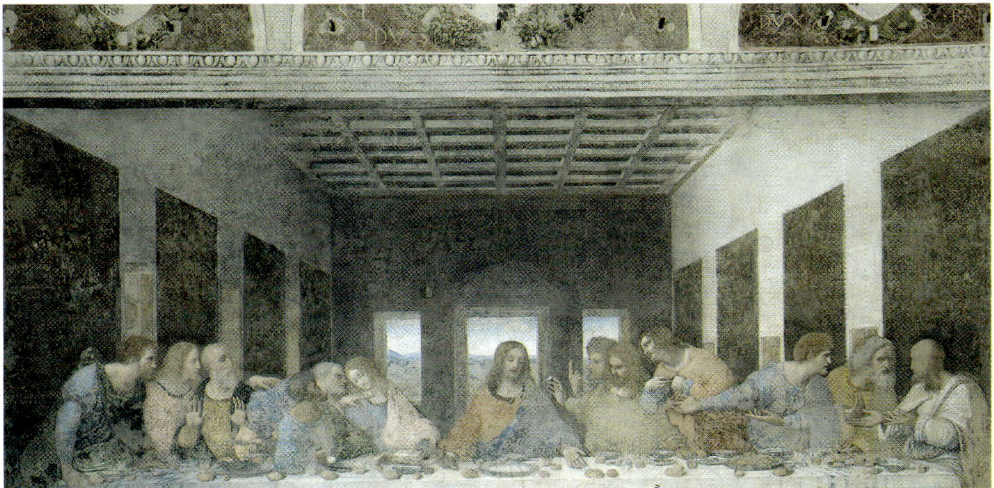

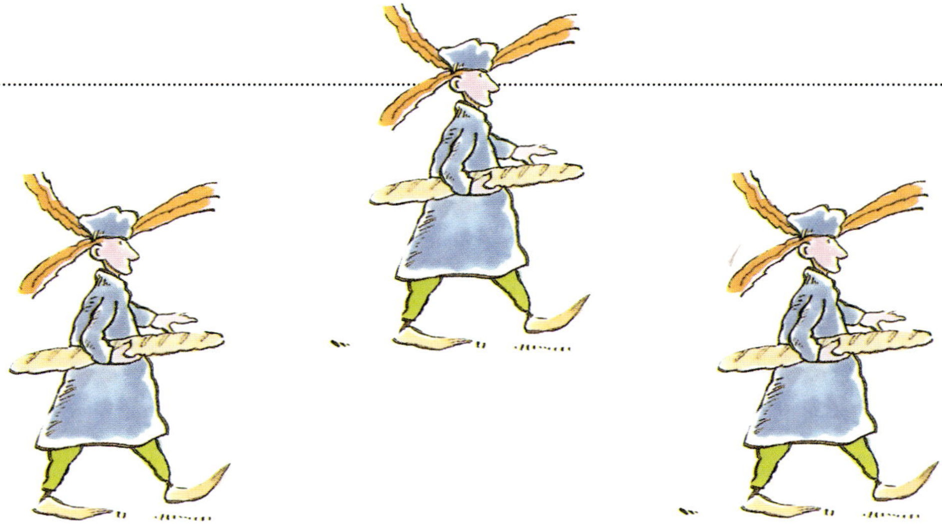

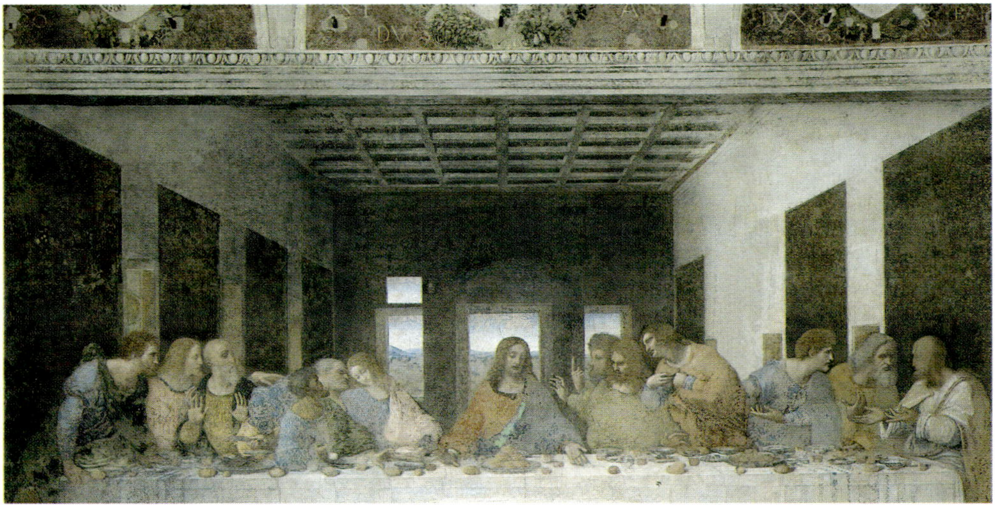

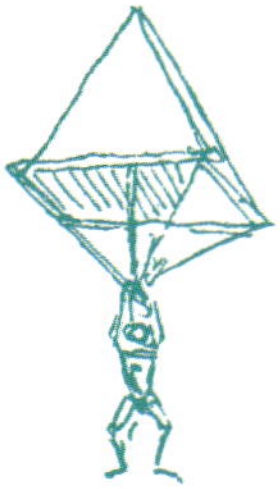

La Joconde

La Joconde est le tableau le plus célèbre du monde. Léonard a mis plus de trois ans pour peindre ce portrait de Lisa del Giocondo, une belle italienne.

Cette peinture a souvent été copiée et transformée. Parmi ces différentes «Jocondes», cherche celle de Léonard de Vinci.

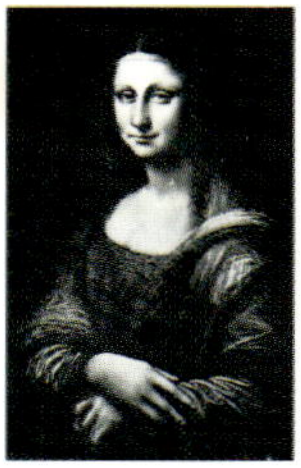

1

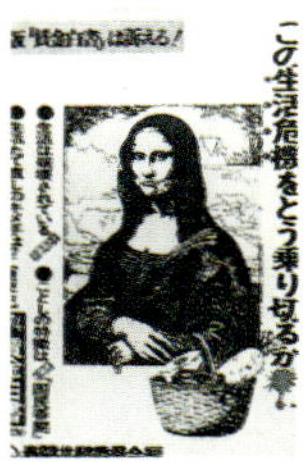

2

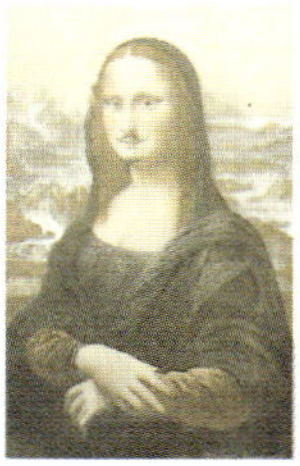

3

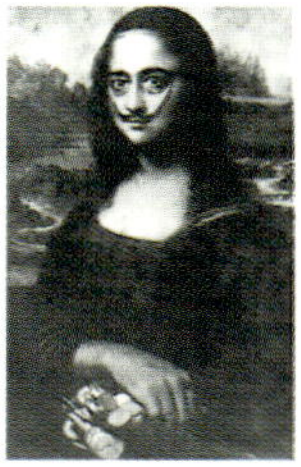

4

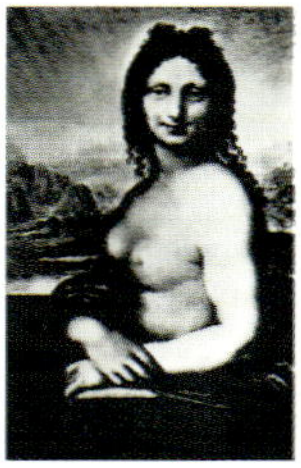

5

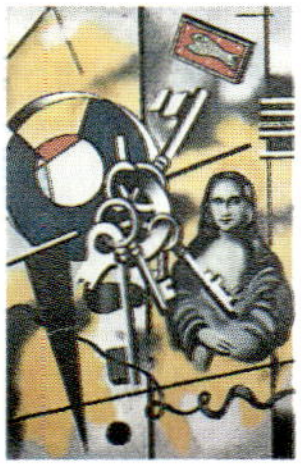

6

7

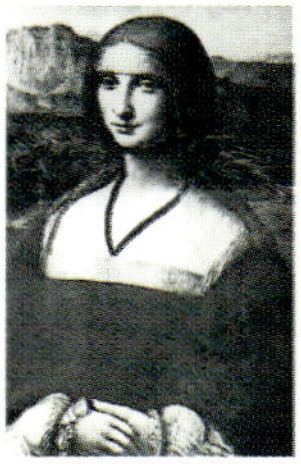

8

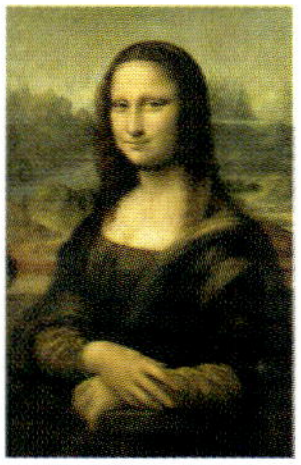

9

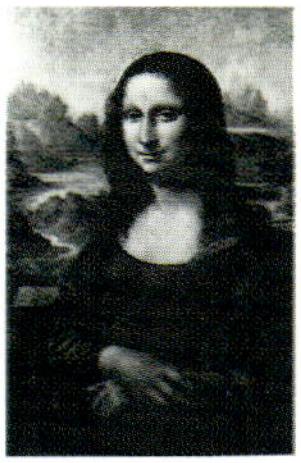

10

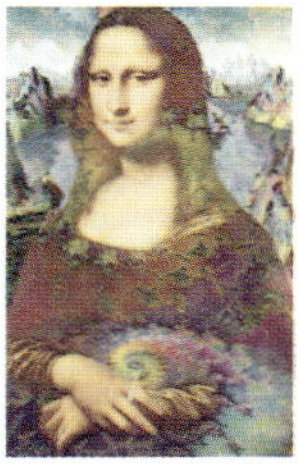

11

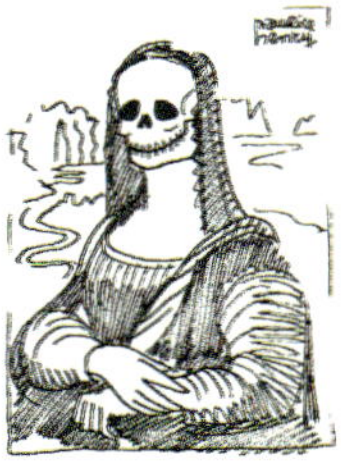

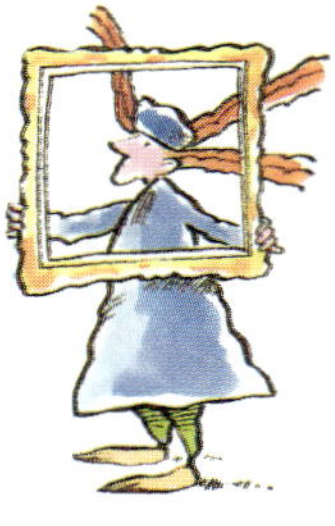

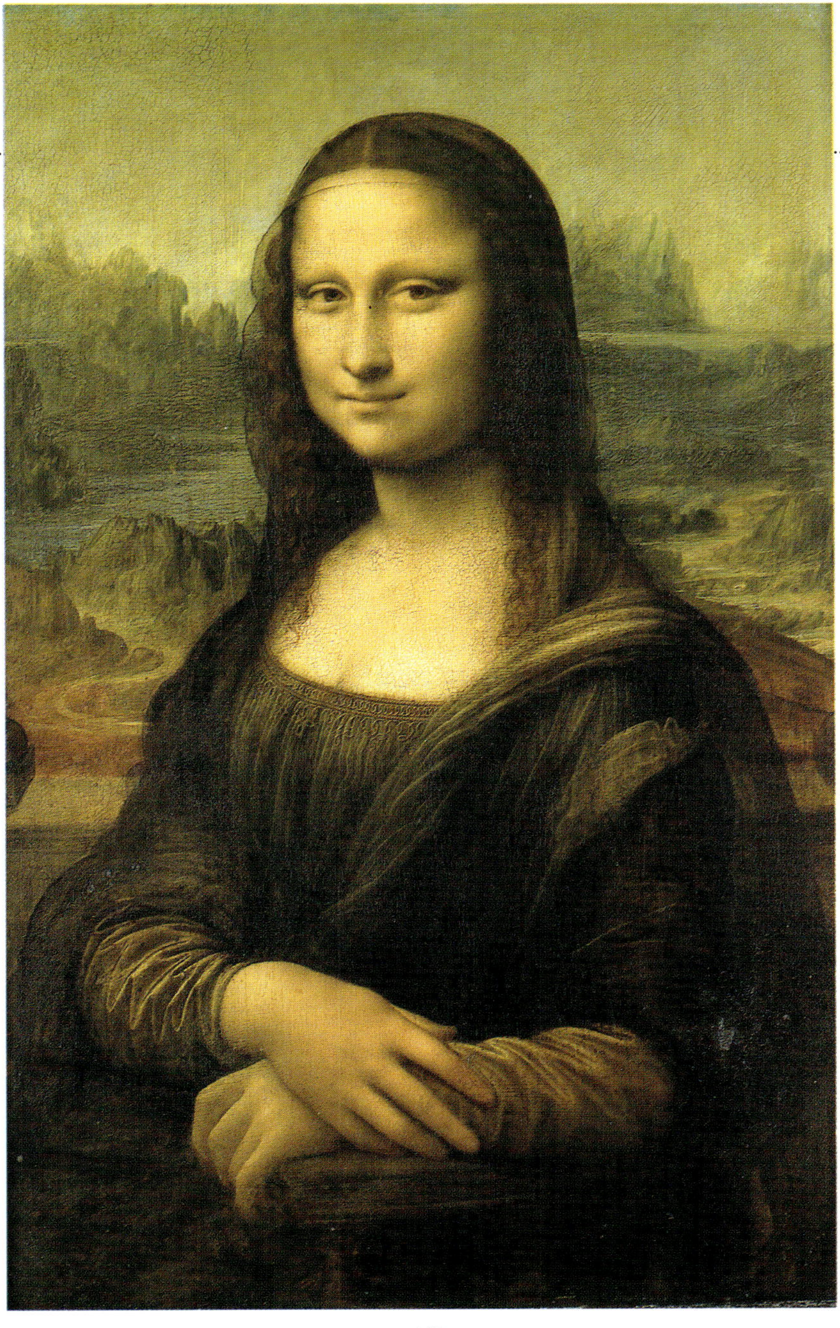

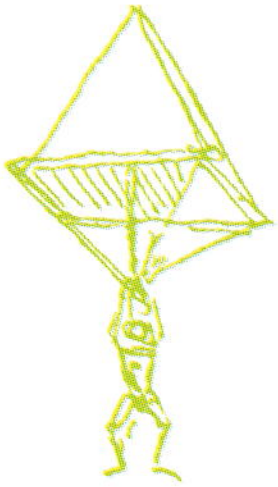

Les sourires de Léonard

Dans la peinture de Léonard de Vinci, la Joconde n'est pas la seule à sourire !

Retrouve à quel tableau appartiennent ces quatre bouches.

1

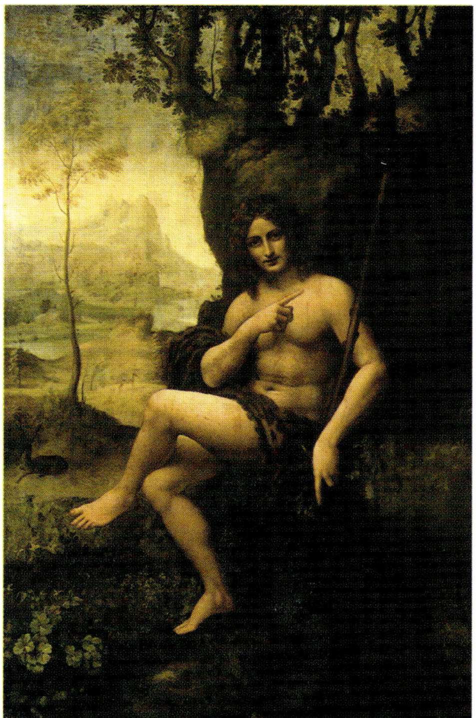

2

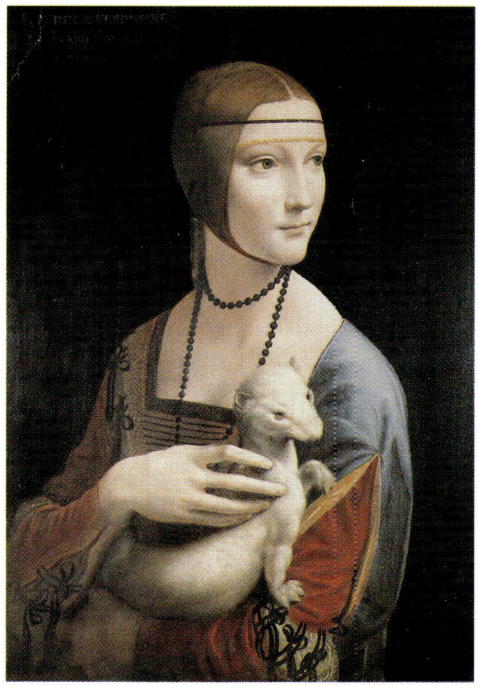

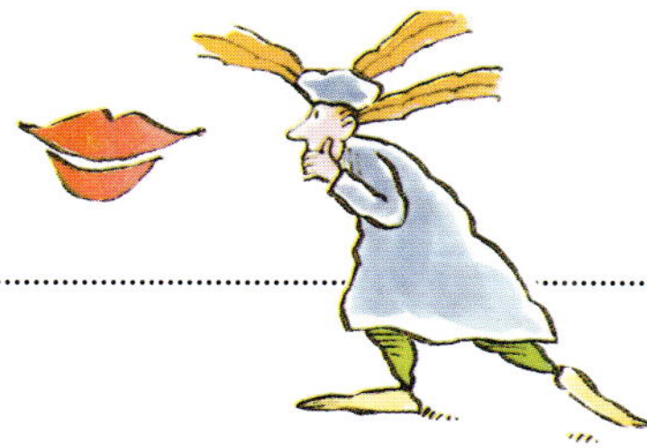

a

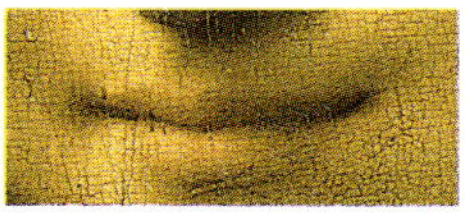

b

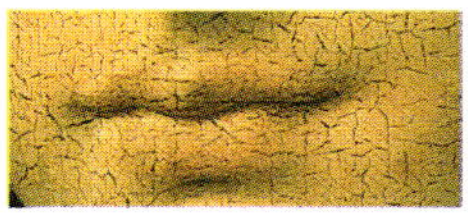

c

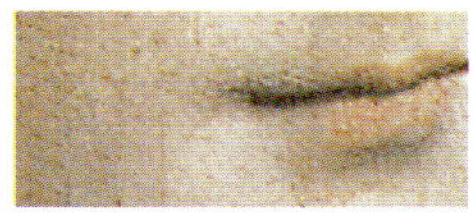

d

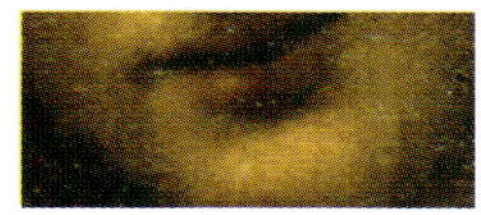

3

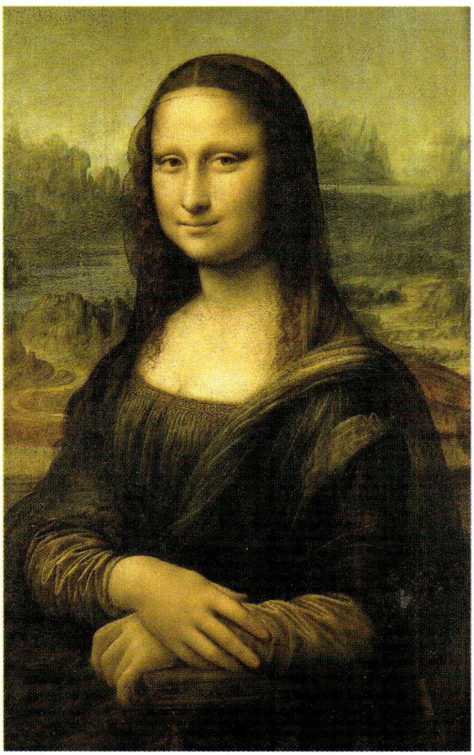

4

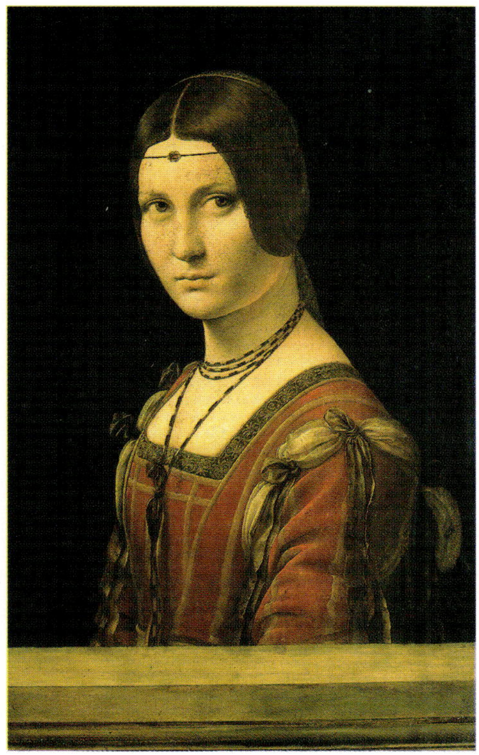

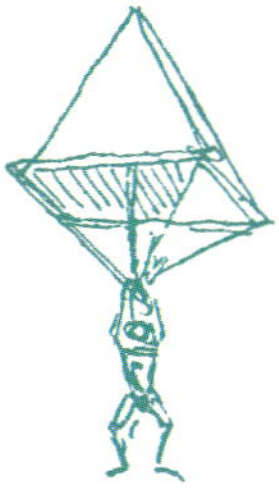

La Vierge, l'Enfant Jésus et Sainte Anne

Le petit Jésus est assis avec sa mère et sa grand-mère, Sainte Anne, dans un paysage imaginé par Léonard.

Parmi ces quatre cadres où le paysage a disparu, quel est celui où les visages sont à la bonne place ?

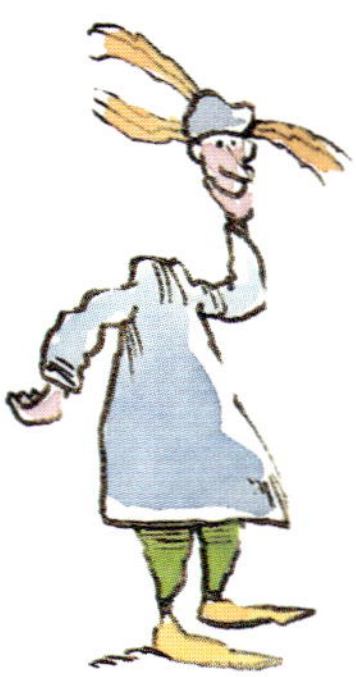

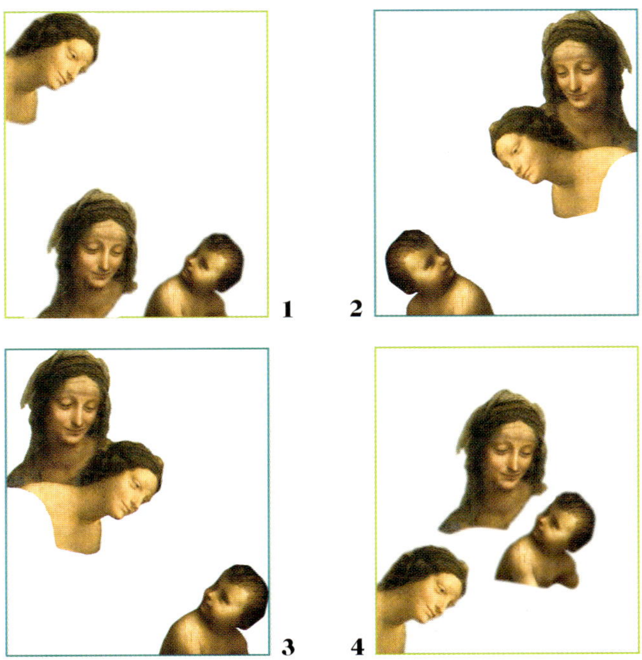

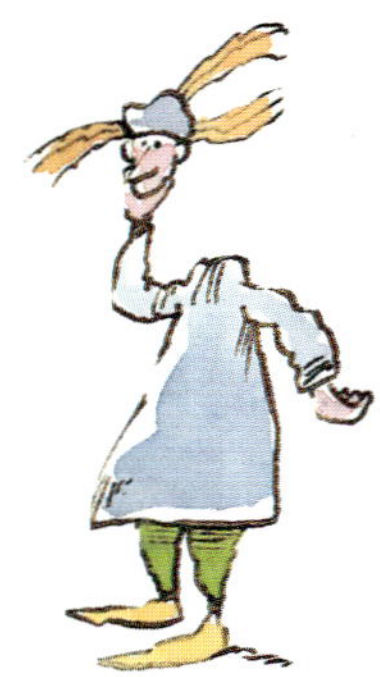

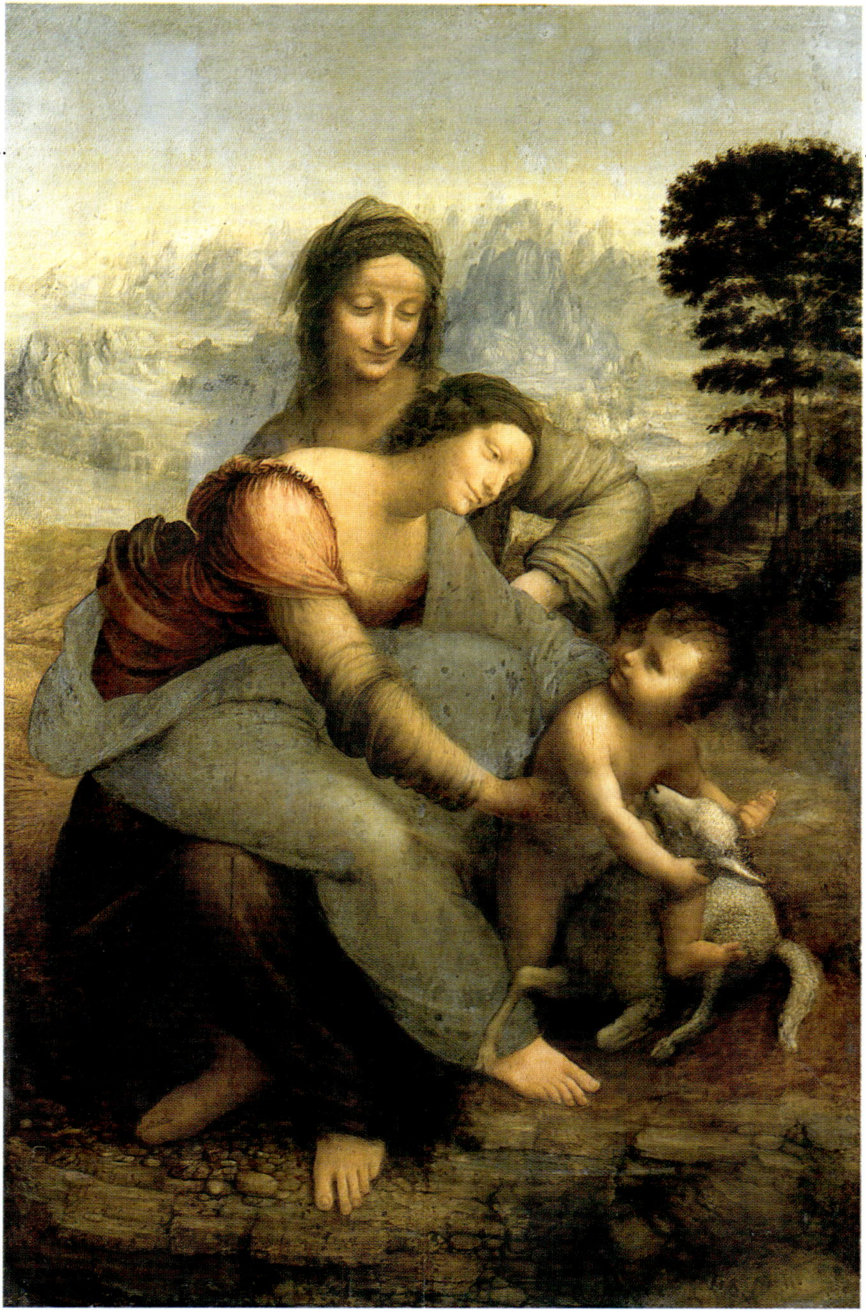

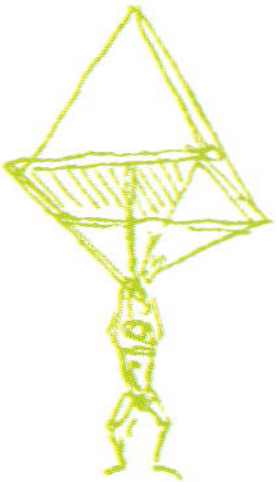

Léonard défigure

Léonard de Vinci a peint le portrait de jeunes et jolies jeunes femmes, mais il a aussi fait d'horribles caricatures !

Retrouve parmi tous ces profils celui de cette vieille femme au menton en galoche et au nez crochu.

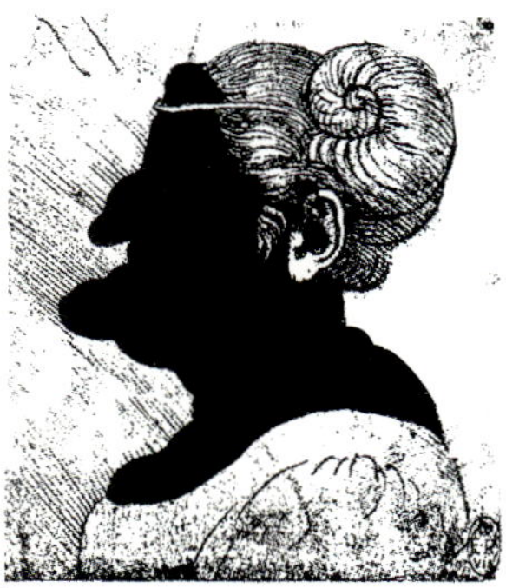

1

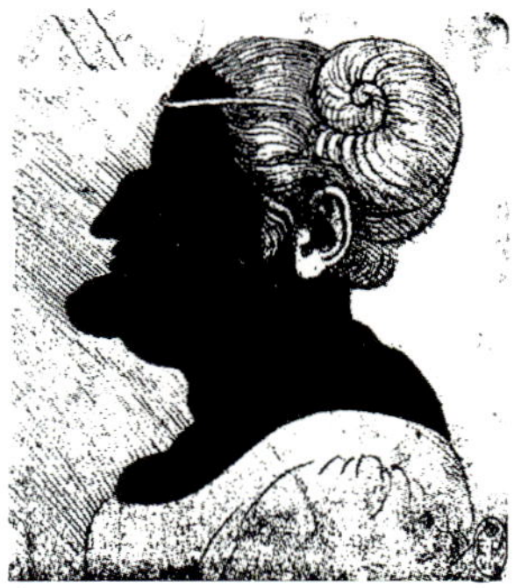

2

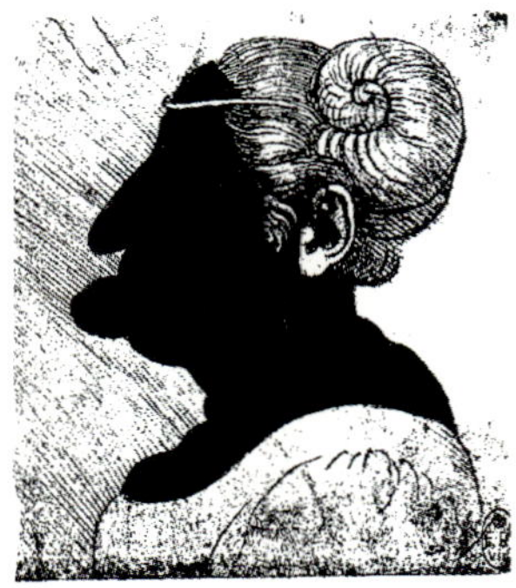

3

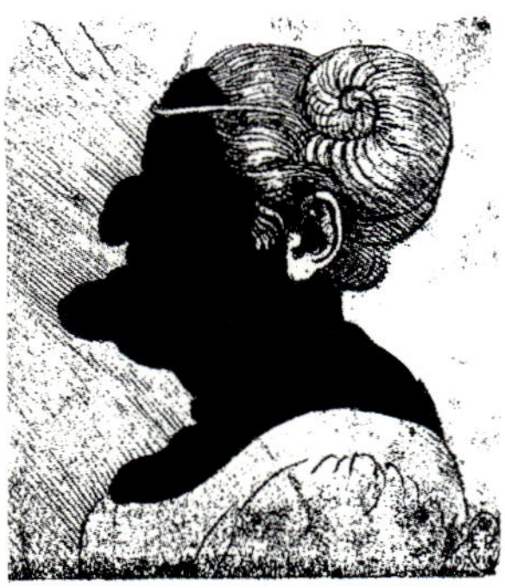

4

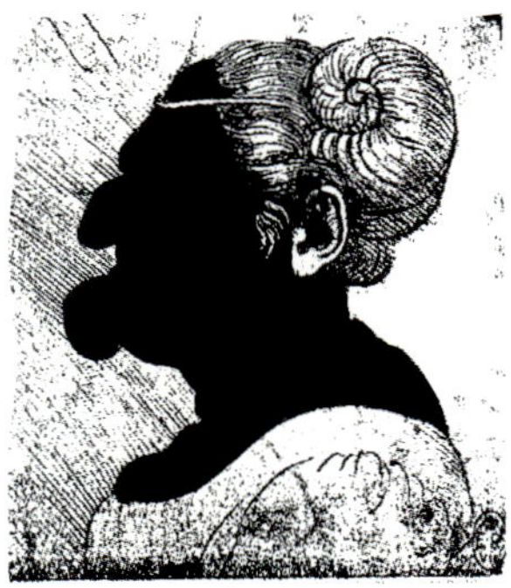

5

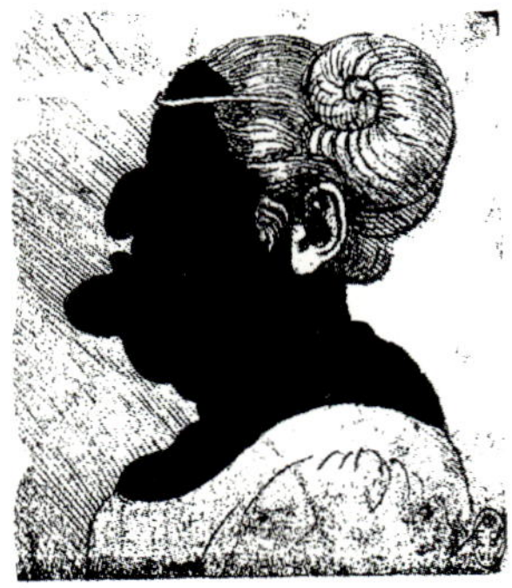

6

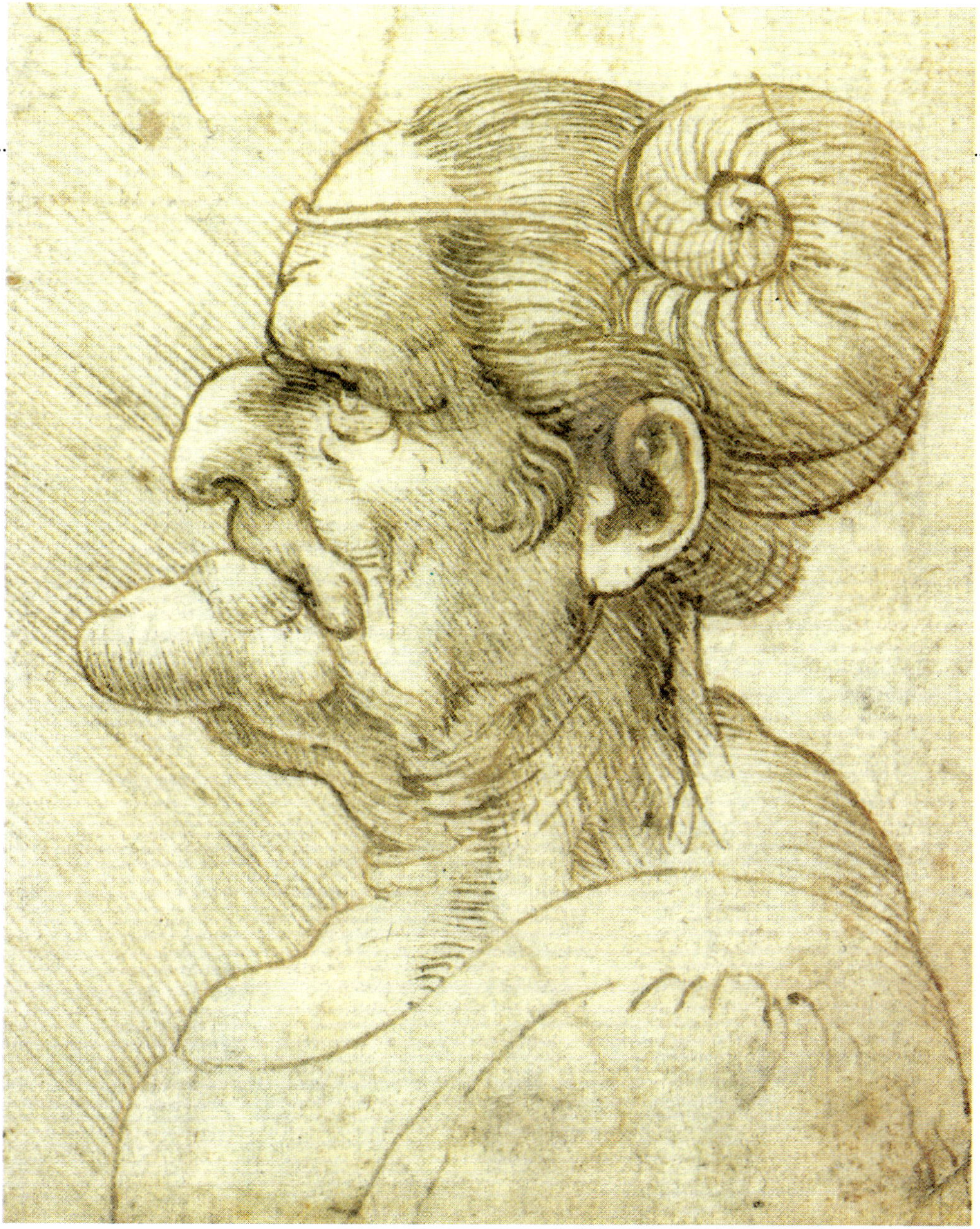

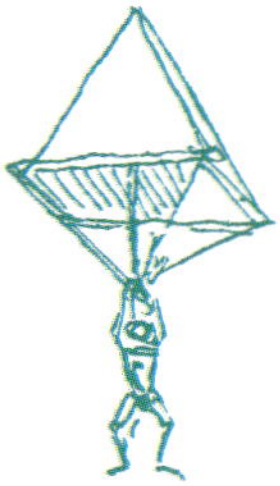

Léonard prend son vol

Le vent, l'air, les oiseaux, tout ce qui bouge et s'agite dans le ciel a toujours émerveillé Léonard. Il a même inventé une machine volante... qui n'a jamais décollé !

Deux de ces oiseaux dessinés par Léonard sont semblables, les vois-tu ?

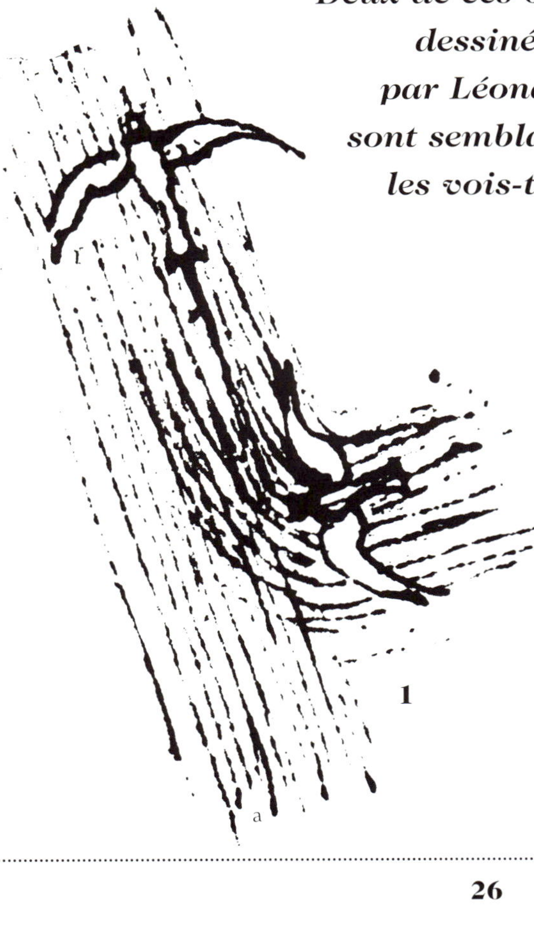

1

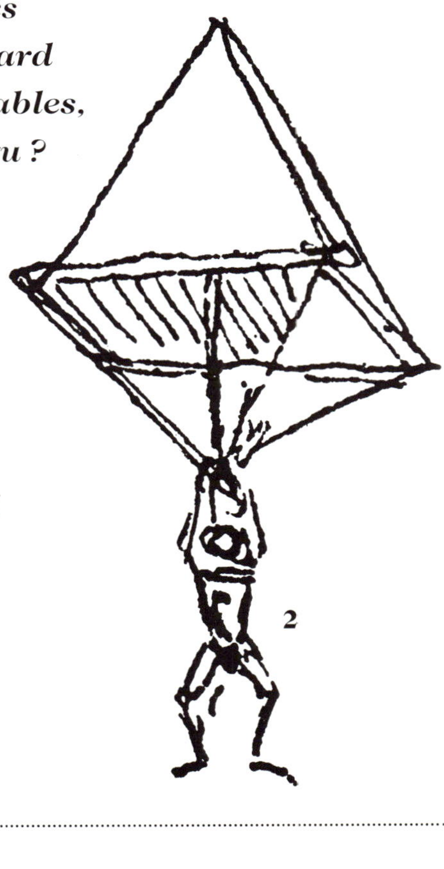

2

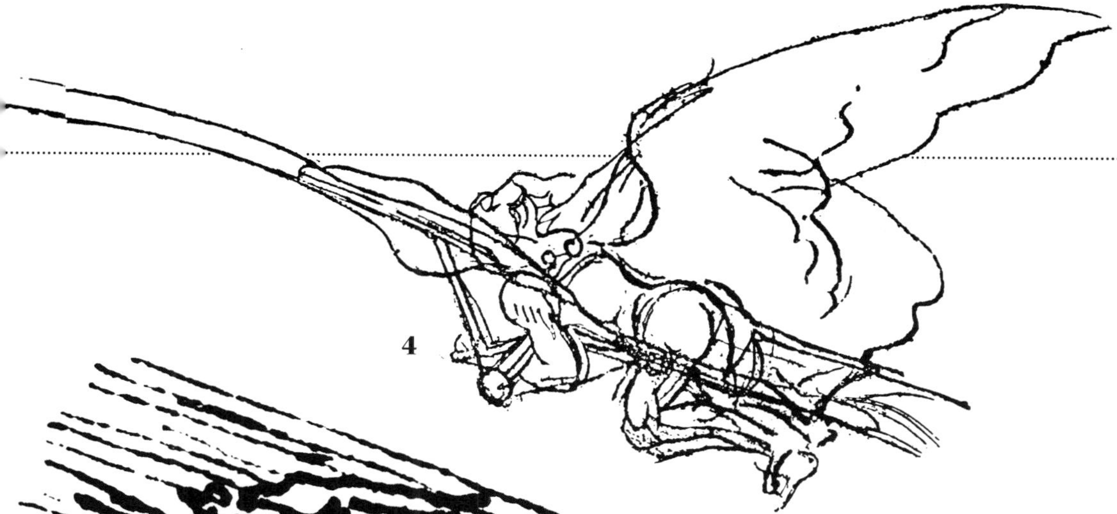

4

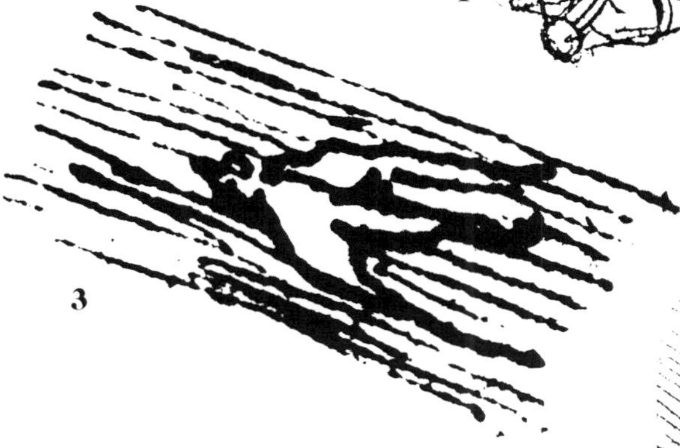

3

5

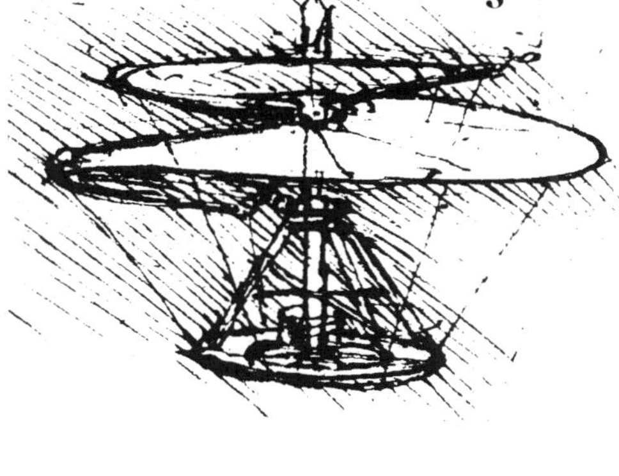

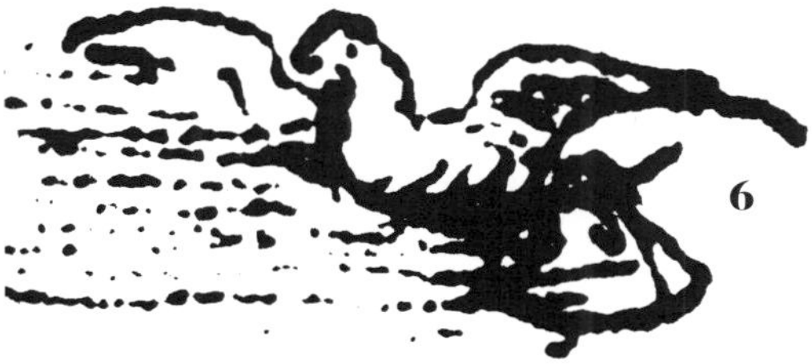

6

8

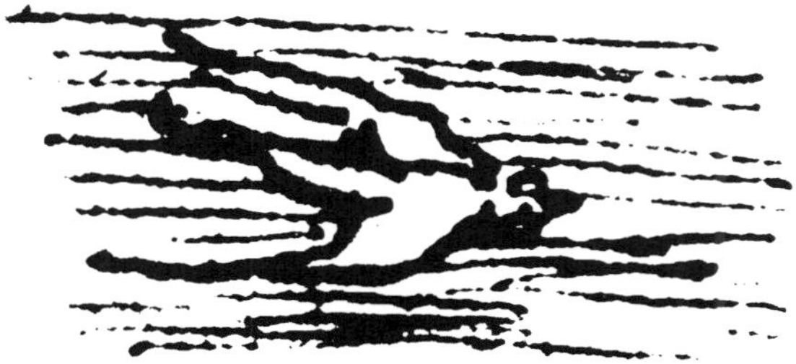

7

La ménagerie de Léonard

Hommes, rivières, fleurs, animaux...
Léonard dessinait dans des carnets
tout ce qu'il voyait.

Il a aussi imaginé certains animaux.
Parmi ceux dessinés ici,
vois-tu celui qui n'a jamais existé ?

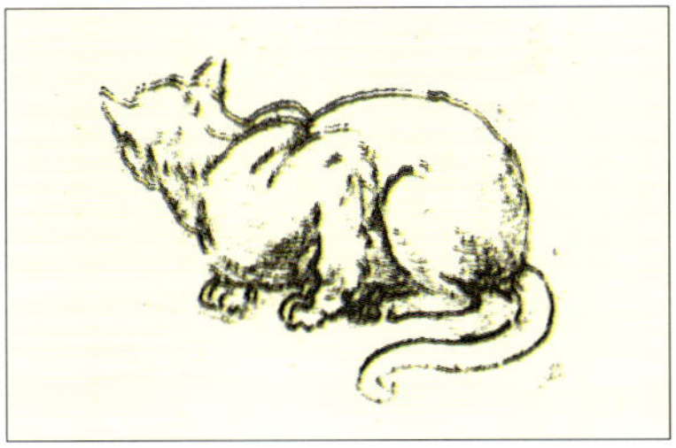

1

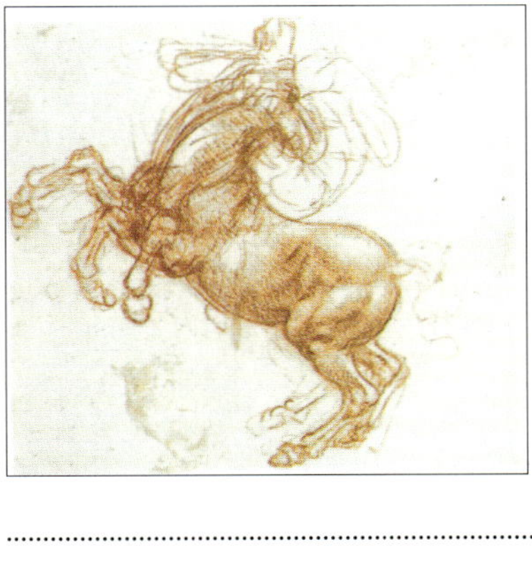

2

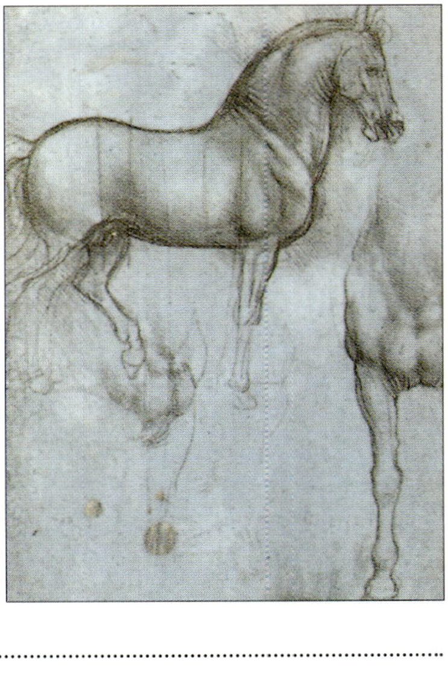

3

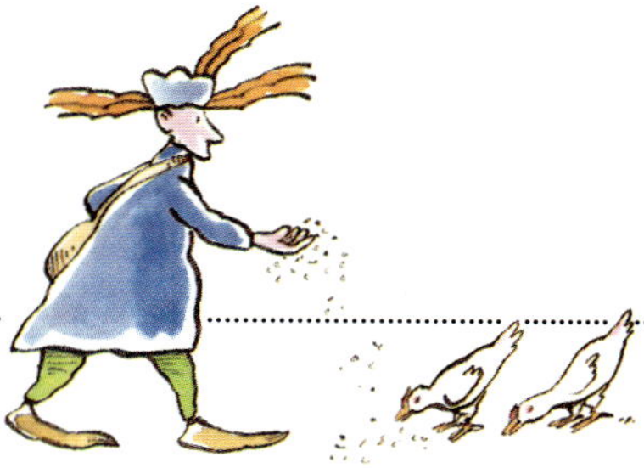

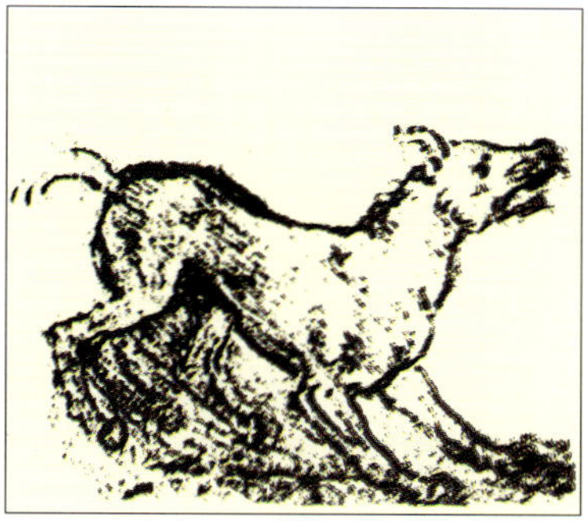

4

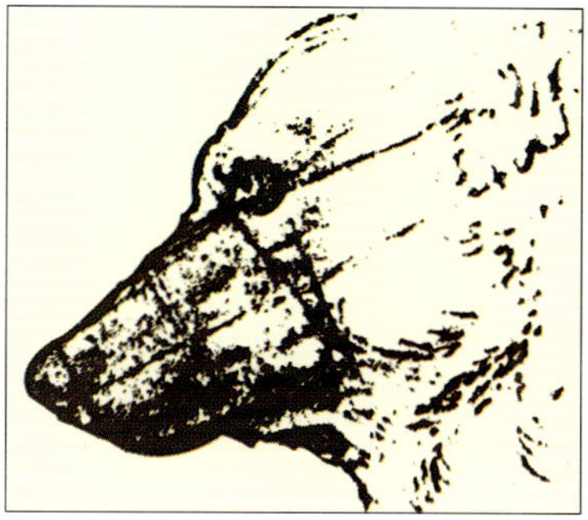

5

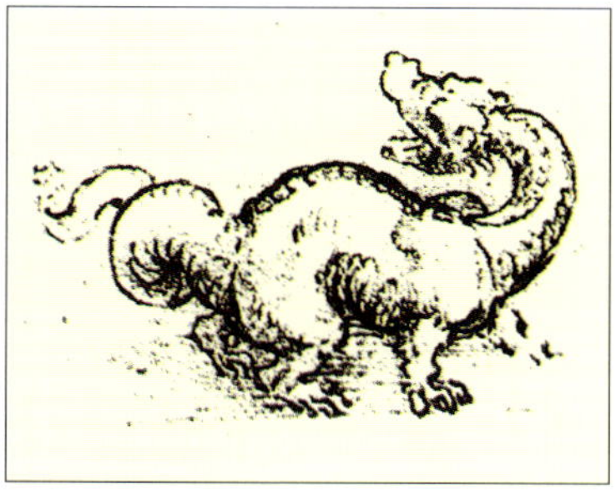

6

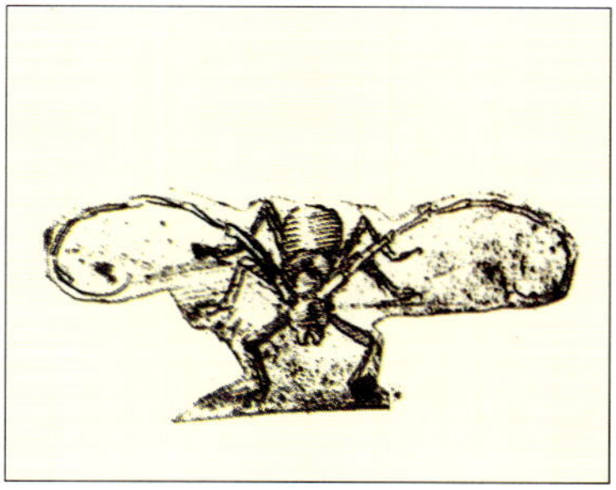

7

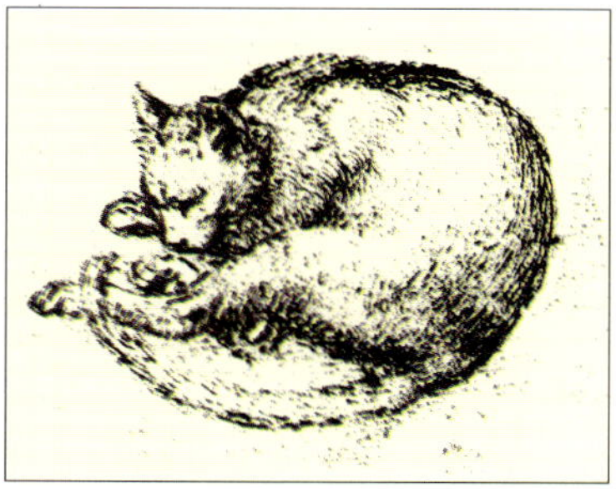

8

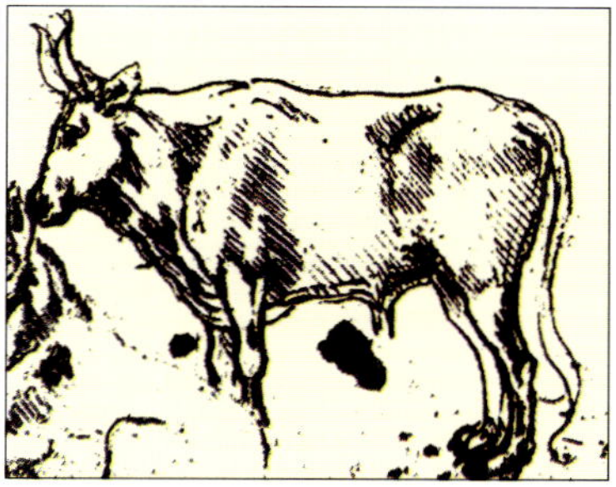

9

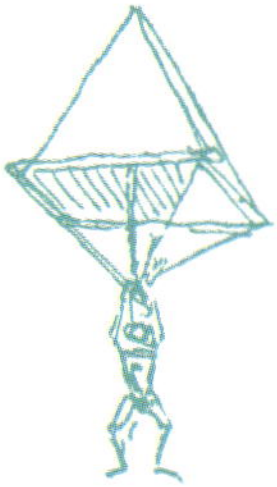

Les inventions de Léonard

Léonard de Vinci
a imaginé
des machines de guerre
redoutables
et des inventions
géniales.

Dans cette scène
imaginaire,
retrouve
la bicyclette,
la catapulte,
le coupe-jambes,
le char d'assaut,
l'atelier de canons,
la bouée de sauvetage,
l'arbalète,
les flotteurs pour
marcher sur l'eau,
le cavalier
multilances.

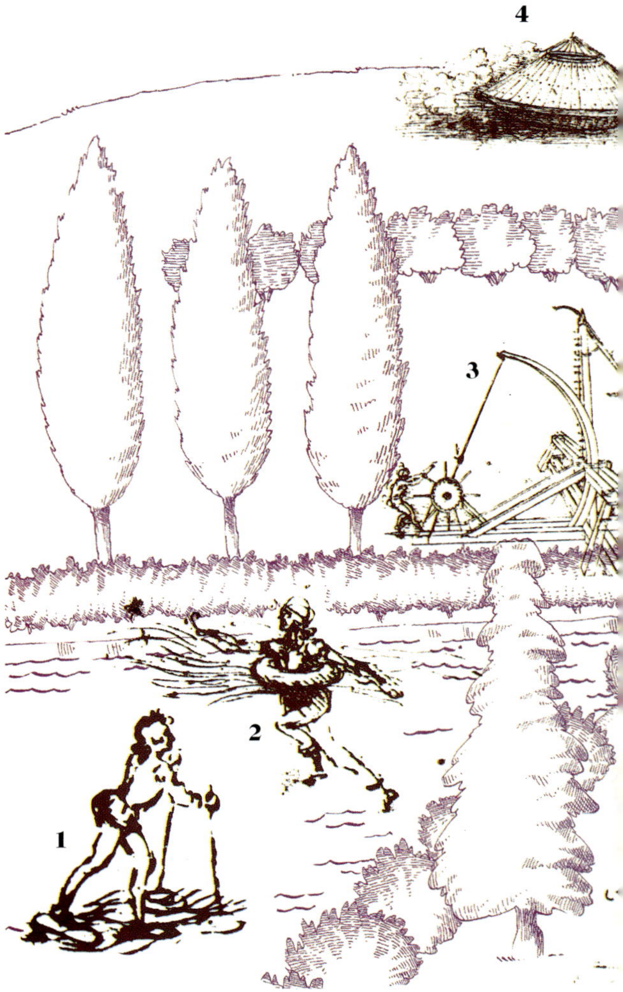

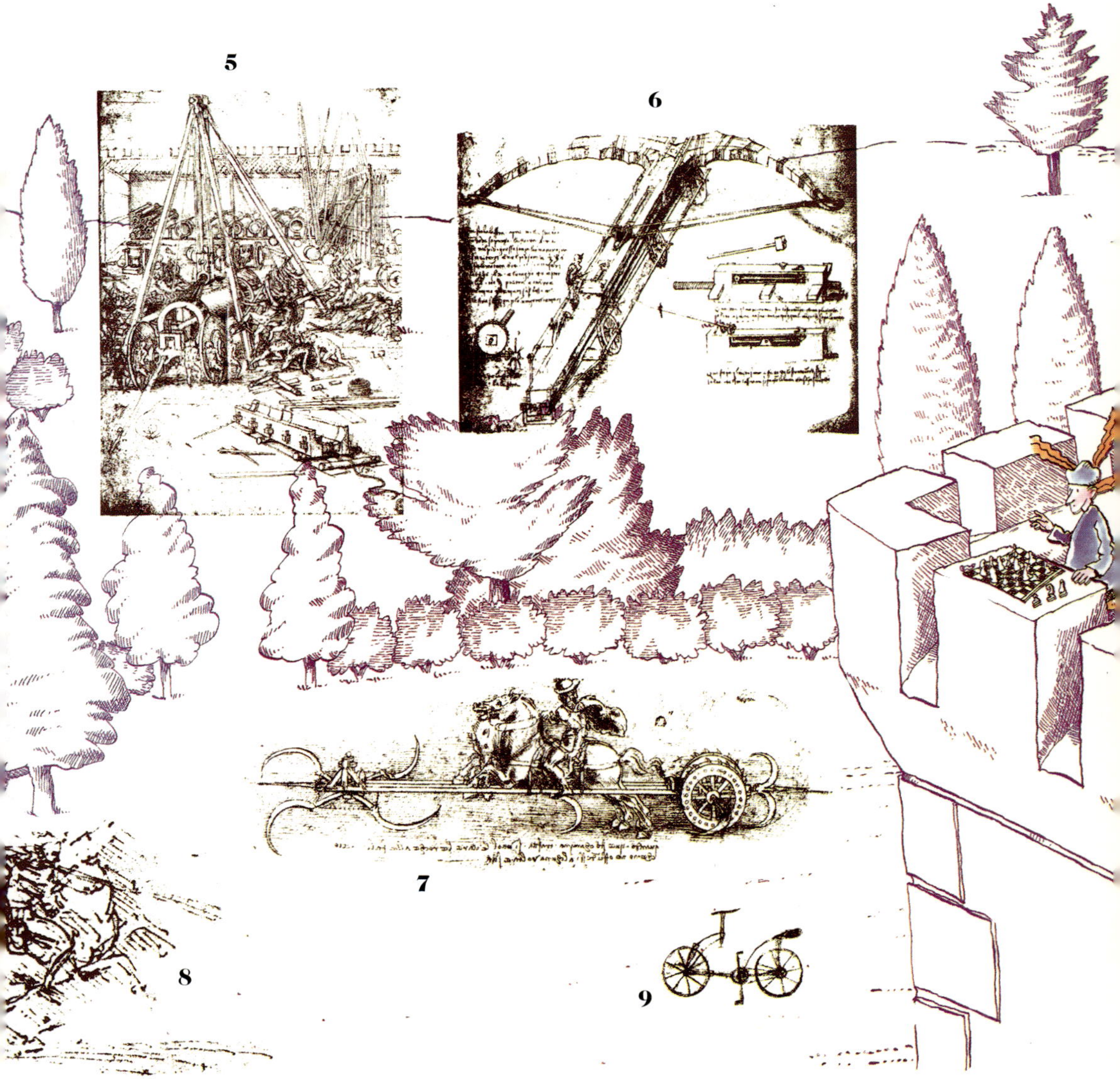
5
6
7
8
9

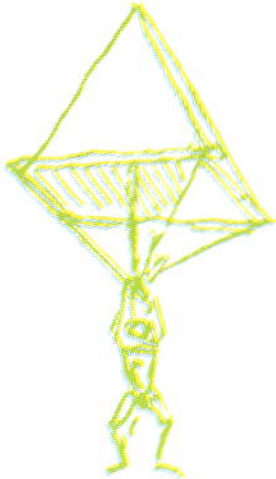

Le code secret de Léonard

**Pour protéger ses découvertes,
Léonard écrivait de droite à gauche en inversant les lettres,
comme les magiciens de son époque.**

***Pour garder tes secrets, écris ton nom
avec l'alphabet de Léonard.***

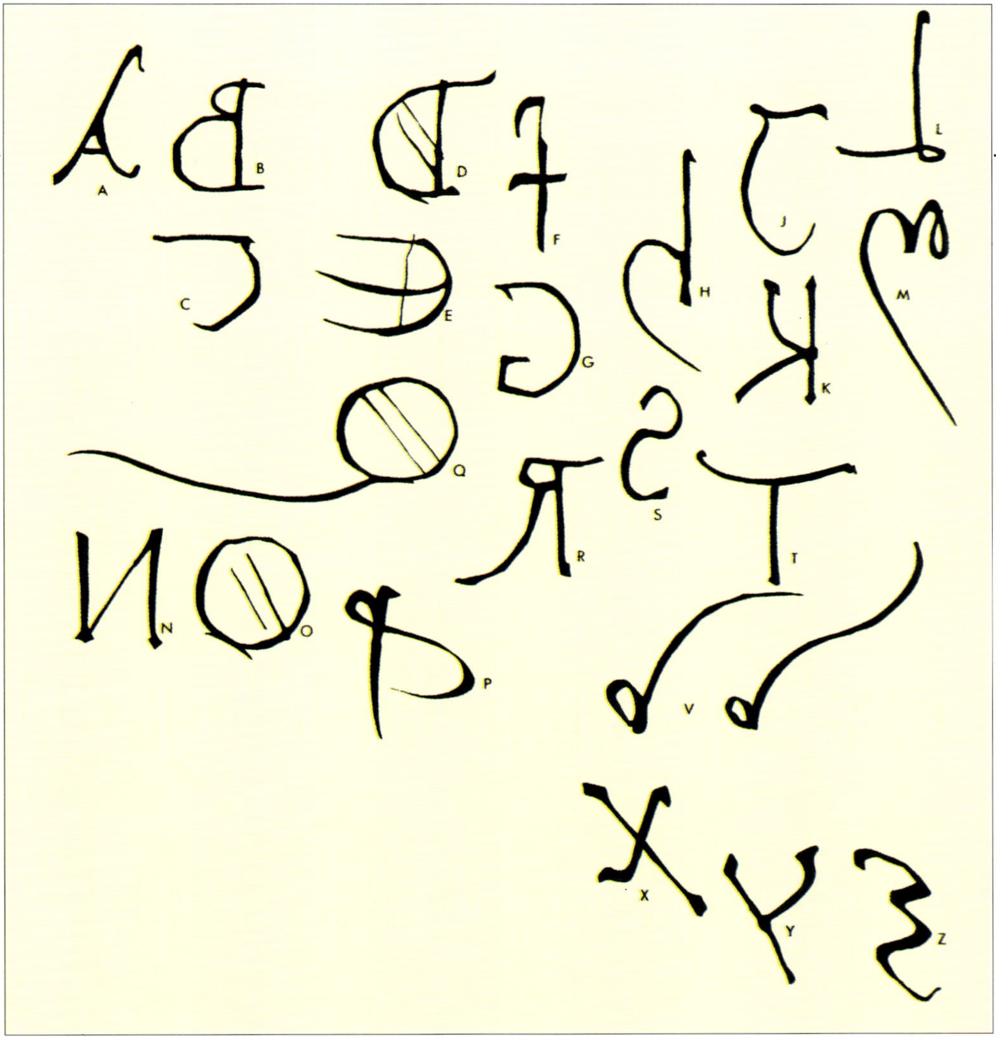
A
B
D
F
J
L
C
E
H
M
G
K
Q
S
R
T
N
O
P
V
X
Y
Z

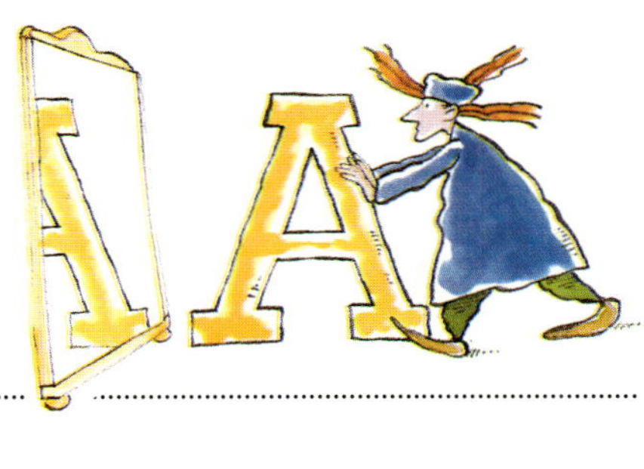

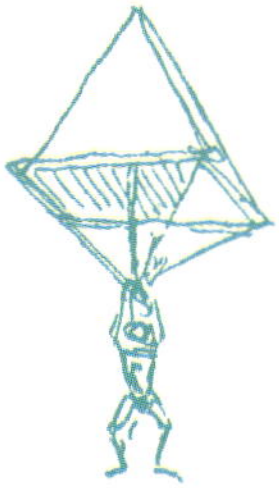

Bric à brac

Ces détails proviennent des tableaux que tu as découverts dans ce livre.

Te souviens-tu de quelles peintures ou dessins ils se sont échappés ?

1

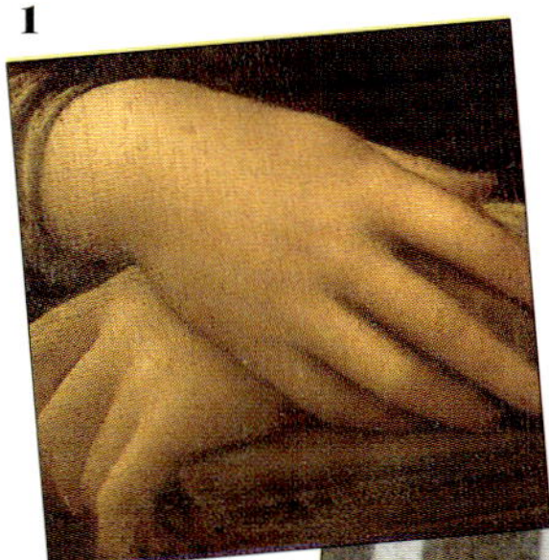

4

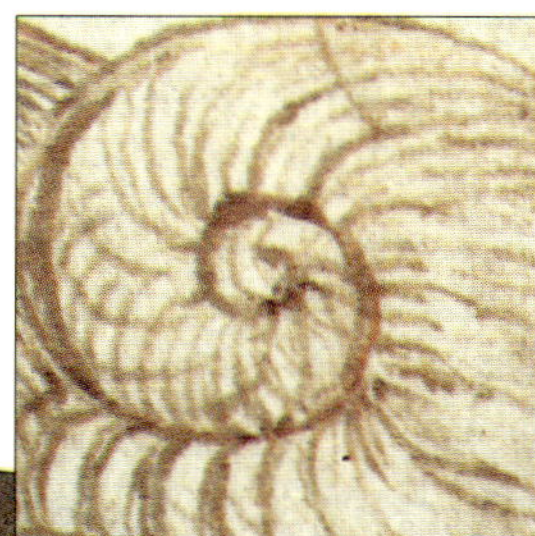

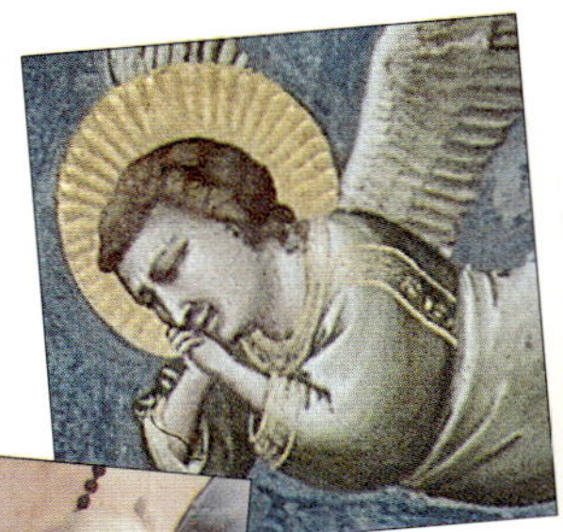

8

6

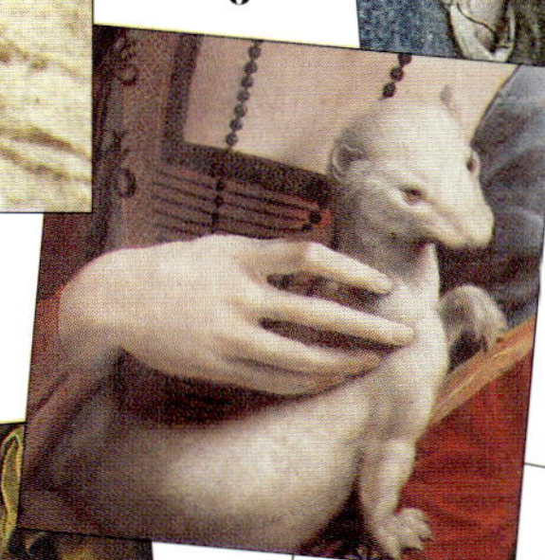

2

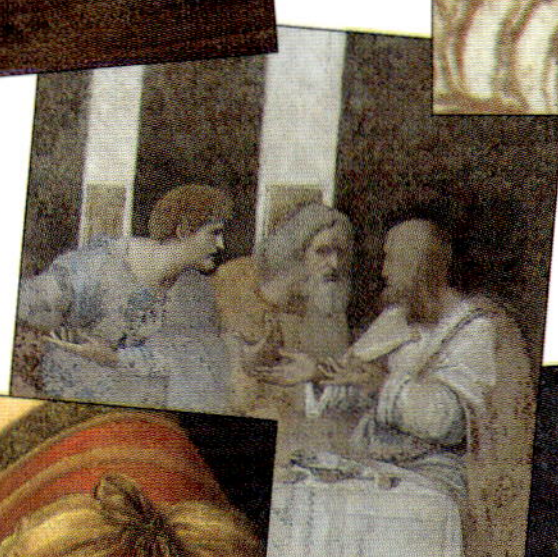

3

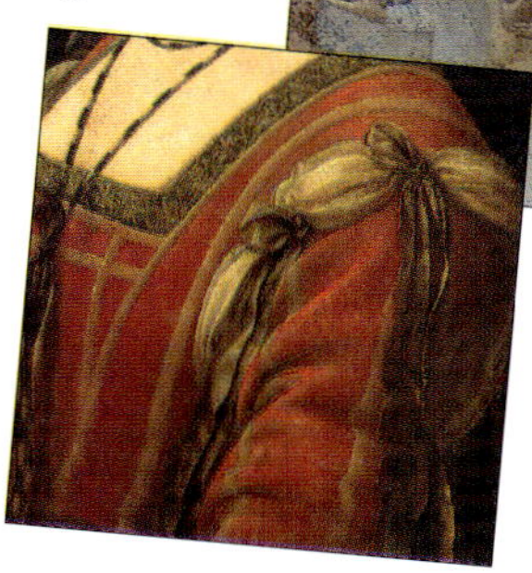

5

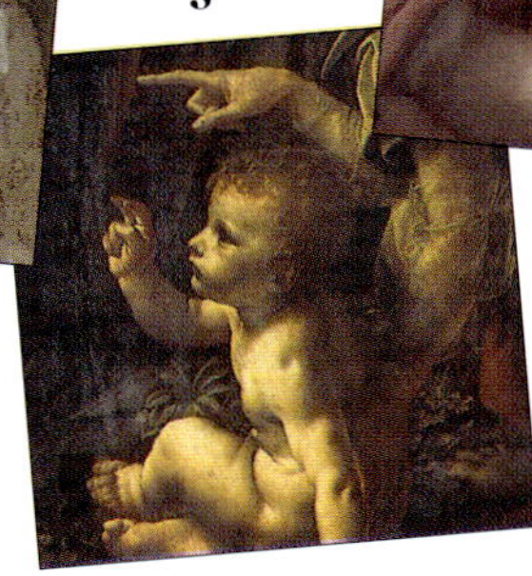

7

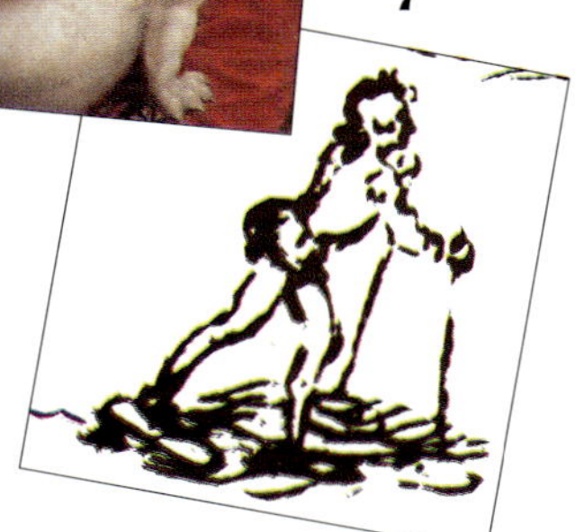

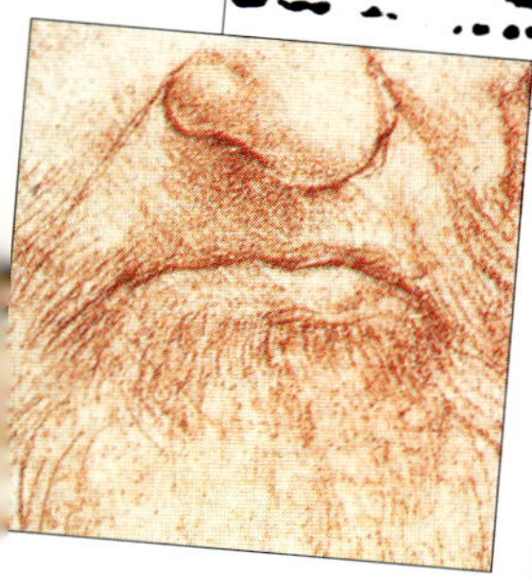

9

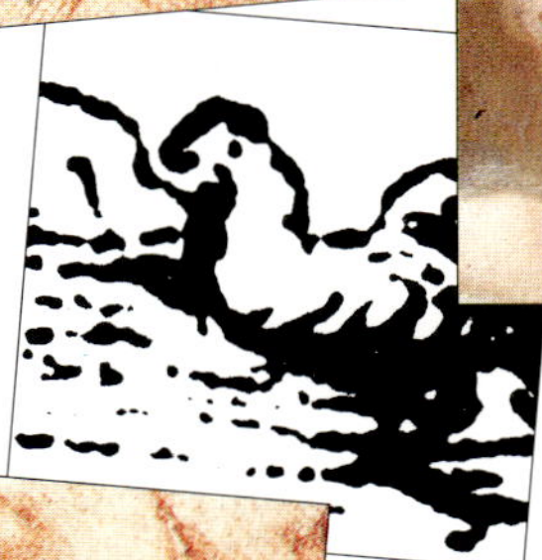

10

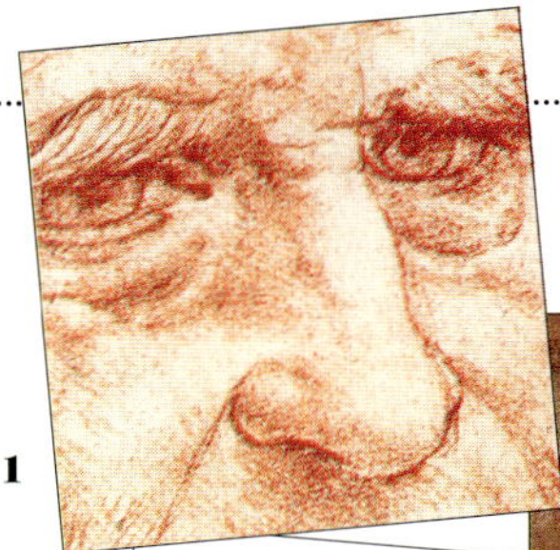

11

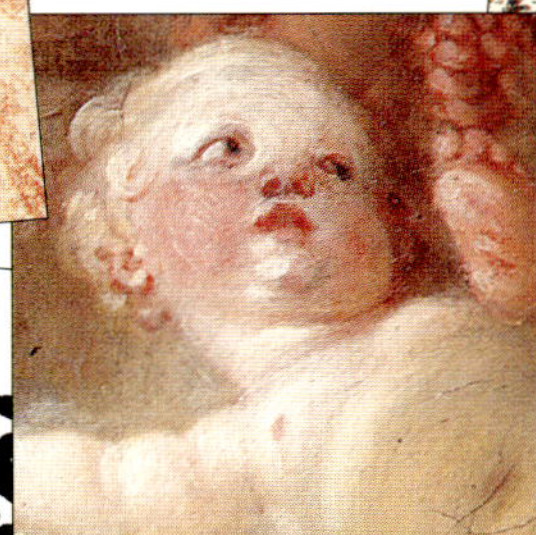

12

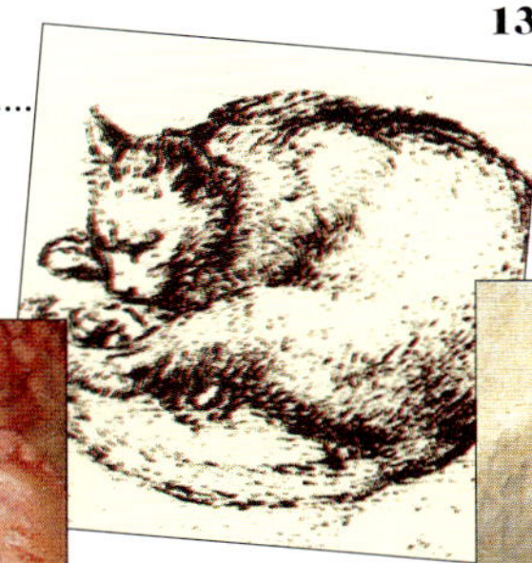

13

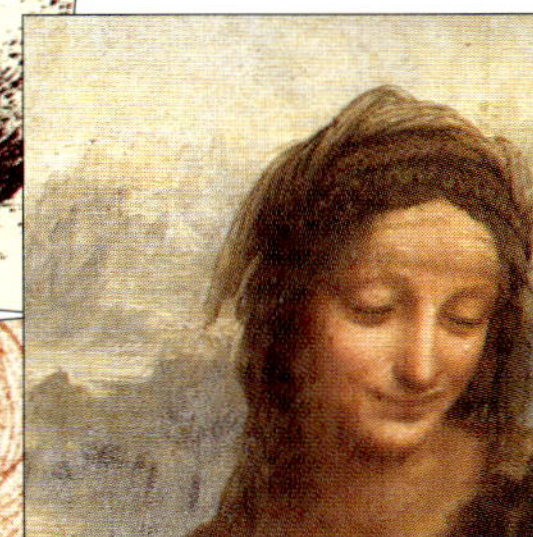

14

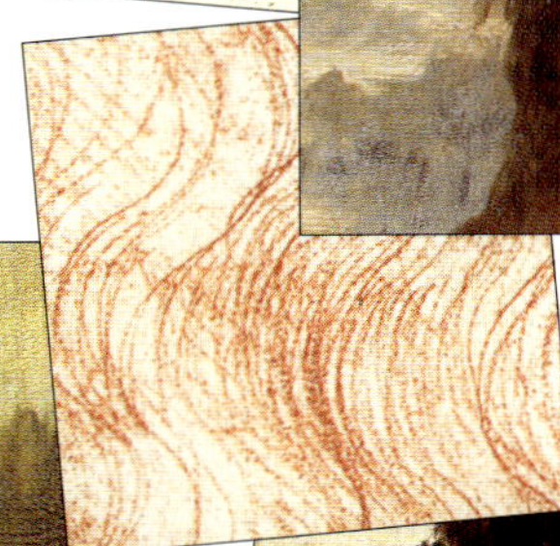

15

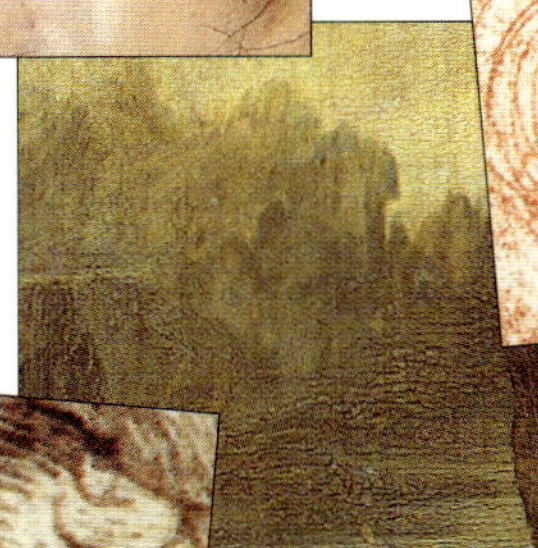

16

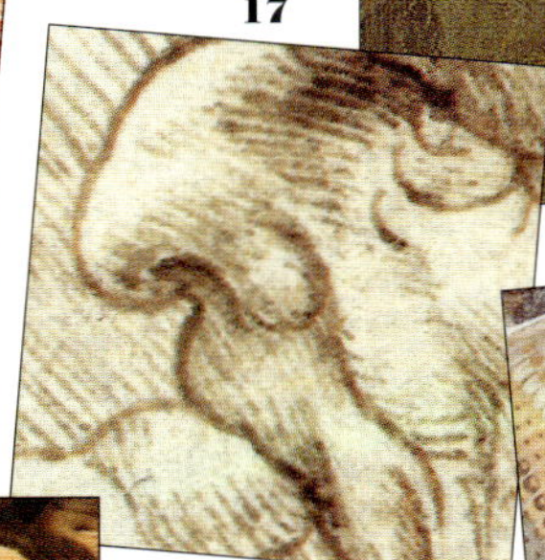

17

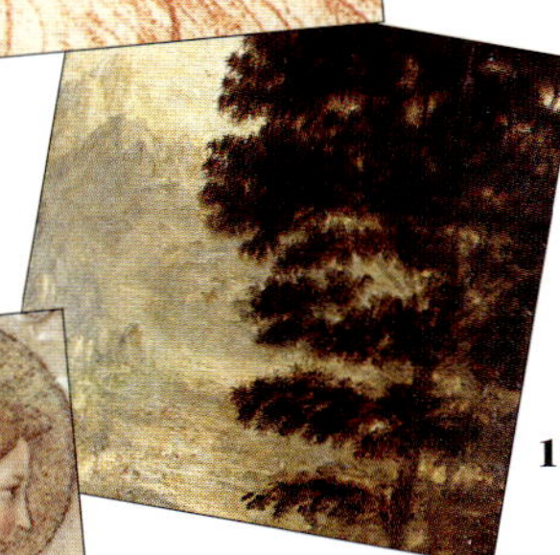

18

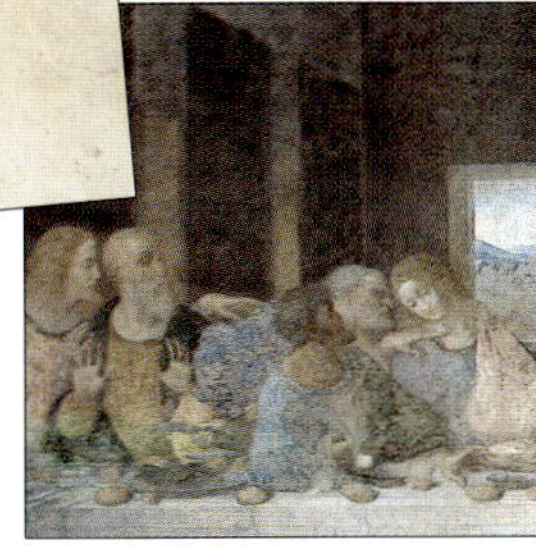

19

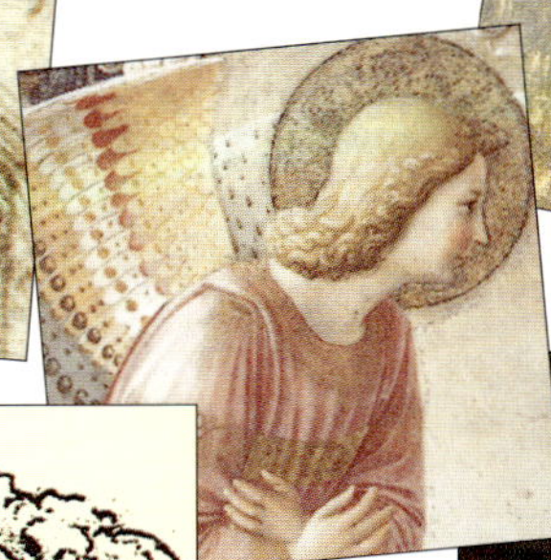

20

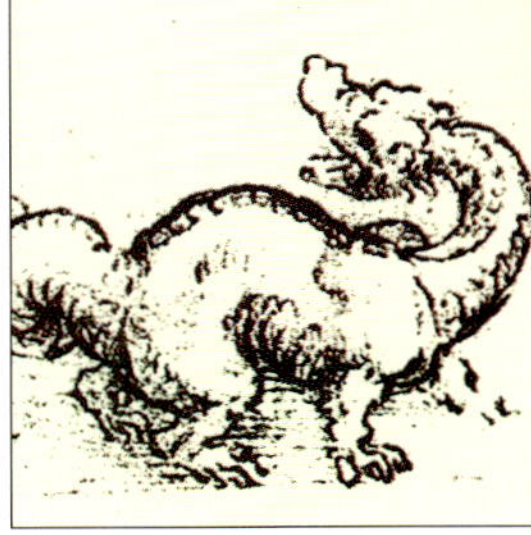

21

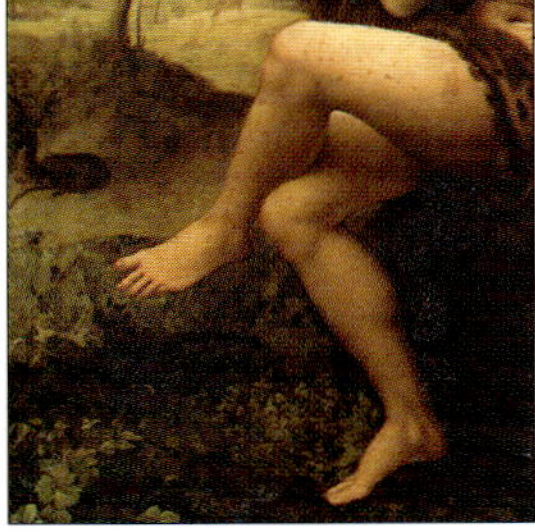

22

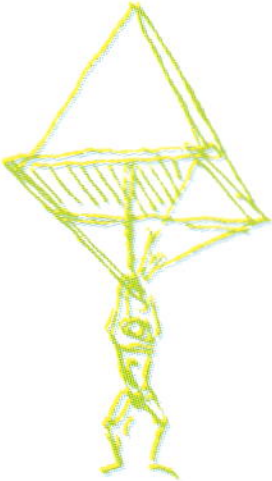

Solutions

p. 4-5 :
1-e, 2-c, 3-f, 4-b, 5-d, 6-a.

p. 8-9 :
Les détails n°1, 5 et 8.

p. 10-11 :
L'ange peint par Léonard est celui du détail n°3.

p.14-15 :

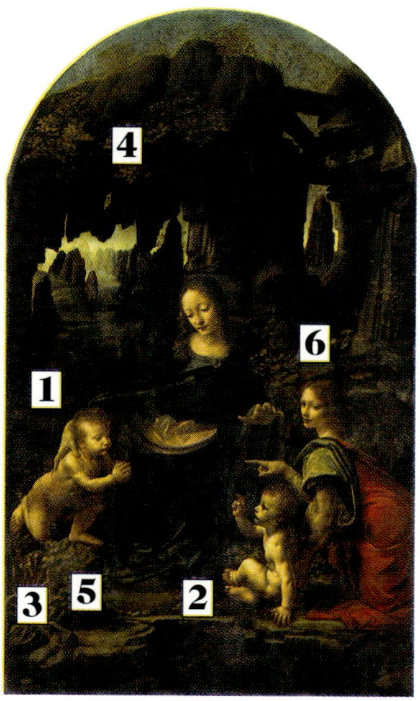

p.16-17 :

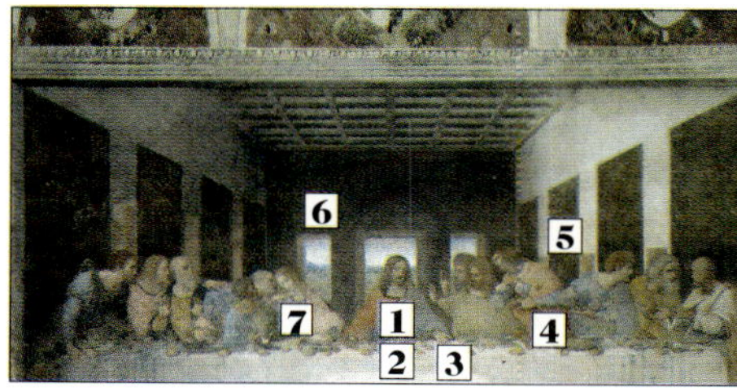

p. 18-19 :
La Joconde de Léonard de Vinci est la vignette n°8.

p. 20-21 :
1-d, 2-c, 3-a, 4-b.

p. 22-23 :
Le cadre n°3.

p. 24-25 :
Le profil n°4.

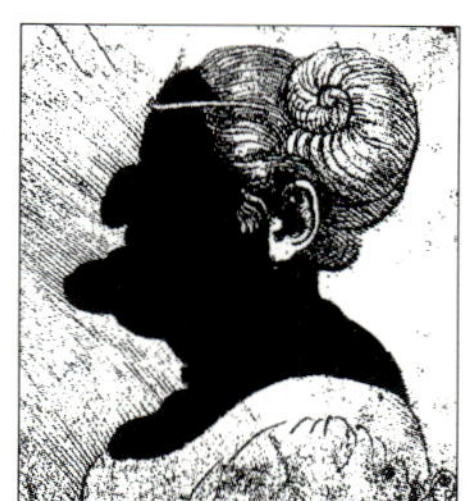

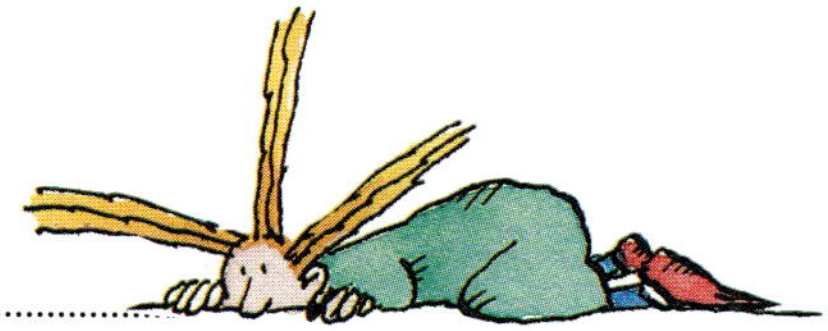

p. 26-27 :
Les oiseaux n°3 et n°8.

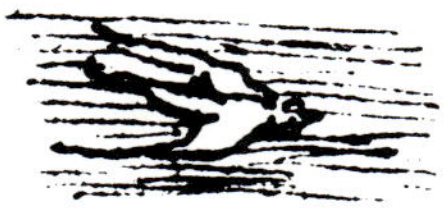

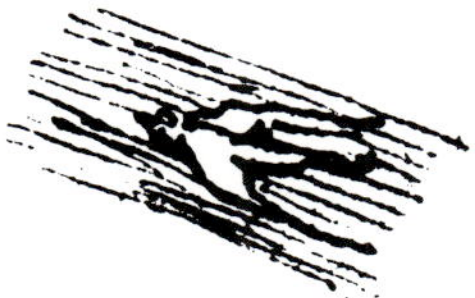

p. 28-29 :
Le dragon, dessin n°6,
est un animal imaginaire.

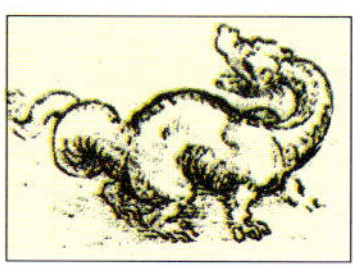

p. 30-31 :
n°1 : Flotteurs pour
marcher sur l'eau.
n°2 : Bouée de sauvetage.
n°3 : Catapulte.
n°4 : Char d'assaut.
n°5 : Atelier de canons.
n°6 : Arbalète géante.
n°7 : Coupe-jambes.
n°8 : Cavalier multilances.
n°9 : Bicyclette.

p. 34-35 :

Détail n°1 : page 19.
Détail n°2 : *page 16.*
Détail n°3 : *page 21.*
Détail n°4 : *page 25.*
Détail n°5 : *page 15.*
Détail n°6 : *page 20.*
Détail n°7 : *page 30.*
Détail n°8 : *page 10.*
Détail n°9 : *page 9.*
Détail n°10 : *page 27.*
Détail n°11 : *page 9.*
Détail n°12 : *page 10.*
Détail n°13 : *page 29.*
Détail n°14 : *page 23.*
Détail n°15 : *page 9.*
Détail n°16 : *page 19.*
Détail n°17 : *page 25.*
Détail n°18 : *page 23.*
Détail n°19 : *page 16.*
Détail n°20 : *page 10.*
Détail n°21 : *page 29.*
Détail n°22 : *page 20.*

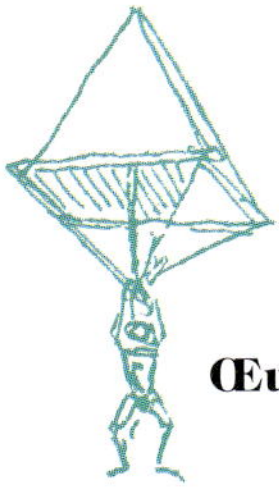

Crédits photographiques

Œuvres de Léonard de Vinci

Page 8
Autoportrait, (détail)
Palais Royal, Turin, © Alinari-Giraudon.

Cinq têtes d'hommes, dessin à la plume
musée du Louvre, Paris, © Giraudon.

Page 9
Autoportrait
Palais Royal, Turin, © Alinari-Giraudon.

Page 10
Le Baptême du Christ, (détail)
Vers 1475, Galleria degli Uffizi, Florence,
© photo Scala, Florence.

Page 11
Le Baptême du Christ
Vers 1475, Galleria degli Uffizi, Florence,
© photo Scala, Florence.

Pages 12 et 13
Annonciation
1470, Galleria degli Uffizi, Florence,
© photo Scala, Florence.

Pages 14 et 15
La Vierge, l'Enfant, Saint-Jean-Baptiste et un Ange, dite La Vierge aux rochers
1483-1486, musée du Louvre, Paris,
© Réunion des musées nationaux,
photo Gérard Blot/Jean Schormans.

Page 16
La Cène
1495-1497, Eglise Santa Maria del Grazie,
Milan, © Alinari-Giraudon.

Pages 18 et 19
Portrait de Monna Lisa, dite ***La Joconde***
1503-1508, musée du Louvre, Paris
© Réunion des musées nationaux,
photo de R. G. Ojeda.

Page 20
Bacchus
Léonard de Vinci et son atelier
1511-1515 (modifié au XVIIe siècle),
musée du Louvre, Paris,
© Réunion des musées nationaux, photo C. Jean.

Page 20
Dame à l'hermine
Vers 1490, musée national de Cracovie
© Musée national de Cracovie.

Page 21
Portrait de Monna Lisa,
dite ***La Joconde***
1503-1508, musée du Louvre, Paris
© Réunion des musées nationaux,
photo de R. G. Ojeda.

Portrait d'une dame de la cour de Milan,
dite ***La Belle ferronnière***
Vers 1495, musée du Louvre, Paris,
© Réunion des musées nationaux,
photo C. Jean.

Page 23
La Vierge, l'Enfant Jésus et Sainte Anne
Vers 1508, musée du Louvre, Paris
© Réunion des musées nationaux.

Page 25
Caricatures grotesques
Bibiothèque Royale, Château de Windsor
The Royal Collection © 2001,
Her Majesty the Queen Elizabeth II.

Pages 26 et 27
Manuscrits et croquis sur le vol des oiseaux, (détails)
(Manuscrit E fol. 53 V° - 54 R°)
Bibliothèque de l'Institut de France, Paris
© Bibliothèque de l'Institut de France/Giraudon.

Parachute
(Codex Atlanticus fol. 381, verso-a)
Vers 1485, Bibliothèque Ambrosienne, Milan
© Bibliothèque Ambrosienne.

Page 27
Ornithoptère
(Codex Atlanticus fol. 276, recto-b)
Vers 1490, Bibliothèque Ambrosienne, Milan
© Bibliothèque Ambrosienne.

Machine volante, (détails)
(Manuscrit B, fol. 83 V°)
Bibliothèque de l'Institut de France, Paris
© Bibliothèque de l'Institut de France/Giraudon.

Pages 28 et 29
Cheval, (détail), vers 1505
Ânes et Bœuf, (détail), vers 1480
Chats et un dragon, (détail), vers 1515
Profil d'un cheval et détails, (détail), vers 1490.
Bibliothèque Royale, Château de Windsor
The Royal Collection © 2001,
Her Majesty the Queen Elizabeth II.

Étude de chevaux, (détail)
musée du Louvre, Paris.
© N.D. Roger-Viollet.

Tête d'ours, (détail)
(Manuscrit 1 fol. 96R),
Bibliothèque de l'Institut de France, Paris.
© Réunion des musées nationaux - Bulloz.

Études de libellules, (détail).
Palais Royal, Turin,
© Alinari Anderson-Giraudon.

Pages 30 et 31
Trois études de machines,
dont un char de guerre, (détails)
(vol.73, 1860-6-16-99),
British Museum, Londres
© Alinari Anderson-Giraudon.

Catapulte à cliquet
(Codex Atlanticus fol. 51, recto)
Bouée de sauvetage, (détail)
(Codex Atlanticus), vers 1490,
Flotteurs pour marcher sur l'eau, (détail)
(Codex Atlanticus, fol.7, recto), vers 1490
Bicyclette, (détail)
(Codex Atlanticus fol. 133, verso), vers 1490
Arbalète géante à six roues, (détail)
(Codex Atlanticus fol. 53, verso), vers 1499
Bibliothèque Ambrosienne, Milan
© Bibliothèque Ambrosienne.

Cavalier avec lances, (détail)
(Manuscrit B 46V)
Bibliothèque de l'Institut de France, Paris
© Réunion des musées nationaux - Bulloz.

Fonderie de canons, (détail)
vers 1490, Bibliothèque Royale,
Château de Windsor.
The Royal Collection © 2001,
Her Majesty the Queen Elizabeth II.

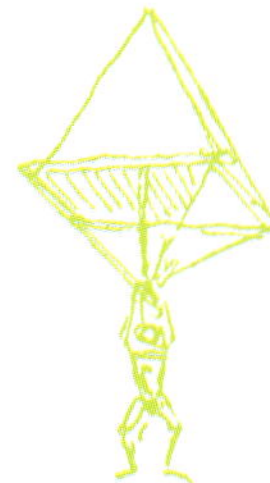

Autres œuvres

Pages 10 et 11
Le Baptême du Christ
d'Andrea Verrochio et Léonard de Vinci
Vers 1475, Galleria degli Uffizi, Florence
© photo Scala, Florence.

L'Essaim d'Amours, (détail)
Par Jean-Honoré Fragonard
© Réunion des musées nationaux,
photo Jean Schormans.

Annonciation (détail)
Par Fra Angélico, musée San Marco, Florence
© photo Scala, Florence.

Déploration du Christ (détail)
De Giotto, Cappela degli Scrovegni, Padoue,
gentile concessione del comune di Padova
Musei Civici.

Page 18
Anonyme, copie espagnole de ***La Joconde,***
© Droits réservés.
Tokyo poster de ***La Joconde,***
© Droits réservés.
Marcel Duchamp, ***L.H.O.O.Q.***, 1919,
© Succession Marcel Duchamp/ADAGP, 2001.
Savaldor Dali,
Photomontage de Philippe Halsman, 1954,
Bibliothèque nationale de France,
© Salvador Dali, Fondation Gala
et Salvador Dali/ADAGP, Paris, 2001.
Anonyme, ***Joconde nue***,
© Droits réservés.
Fernand Léger, ***La Joconde aux clés***,
Coll. particulière,
© ADAGP, 2001.
Anonyme, copie flamande de ***La Joconde,***
© Droits réservés.
Anonyme, copie italienne de ***La Joconde,***
© Droits réservés
Monna Lisa (carte postale anglaise),
© Droits réservés.
Maurice Henri, ***Dessin,***
Bibliothèque nationale de France, Paris,
© ADAGP, 2001

Publication du département
de l'édition
dirigé par Catherine Marquet

Coordination éditoriale
Anne Latournerie

Conception graphique
et maquette
Joëlle Leblond

Fabrication
Jacques Venelli

Photogravure
Bussière à Paris

Cet ouvrage a été achevé d'imprimer
en février 2006 sur les presses
de l'imprimerie Mame à Tours

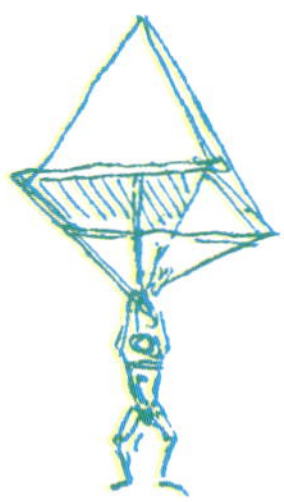

Premier dépôt légal : octobre 2001
Dépôt légal : février 2006
ISBN 2 - 7118 - 4294 - 0
JA 10 4294